弘法大師空海伝十三講

その生涯・思想の重要課題とエピソード

加藤精一
Kato Seiichi

大法輪閣

弘法大師空海伝 十三講

――その生涯・思想の重要課題とエピソード

目次

目　次

カバー絵／画・長谷法壽（賢劫造佛所）
カバー絵協力／大阪・太融寺
装幀／清水良洋（マルプデザイン）

はじめに

上代《じょうだい》を代表する良識としての空海が何をめざし何をしようとしていたのか、これが私の研究課題である。一般的に考えられているのは、真言密教のわが国での開祖として、ひたすら真言宗を弘めた僧侶であり、のちに弘法大師という諡号《しごう》を得て、世の救世主として信仰されている聖者である。その受け止めかたはそれでよい。しかしそういう大師信仰が現在まで続いている核になっている「人間空海」の六十二年の人生に注目し掘りおこして、史実にもとづいた空海の生き方をできるだけ明らかにしたいというのが私の目標である。私はこれまでに『弘法大師空海伝』（春秋社刊）、『空海入門』（角川学芸出版社刊）等によって空海の正伝を出版してきたが、紙数の制約でくわしく書けなかったさまざまなエピソードを、できるかぎり正確に紹介し、人間空海の実像を知る手がかりにしたい、というのが本書の主旨である。

奈良時代に生を受け、平安遷都《せんと》の七九四年に二十一歳を迎えた空海が、長岡京時代の十年間に生国讃岐《しょうごくさぬき》から上京し、大学に入学し、退学し、三十一歳で中国に留学し、足かけ三年で帰国する。二十年という滞在期間を勝手に短縮して帰国した留学僧《るがくそう》空海の破乱に満ちた人生のさまざまなエピソードは、現代にもてはやされ共感を集めている明治維新の坂本龍馬にも匹敵する迫力があり、興味が引かれるのである。

た」と。

都に、しかもたった一校、その上家長が従五位《じゅごい》以上の子弟でなければ入学を許されない最高の教育機関の大学であった。しかしその教育の内容は、儒教を中心とし、古典の暗記を重視するものであった（これを訓古《くんこ》という）。その目的も家名を上げ、立身出世し、富貴栄達を目指す傾向がつよかった。こうした教育に、優秀な青年が満足できなかったのは無理からぬところで、真魚は苦慮したすえに大学を中退してしまうのである。人生の真の理想を探究しようとする若者にとって、当時の大学教育は、単に俗世間を生きていくための手だてとしてしか映らなかったのである。けれどもこの頃までに習得していた漢学の素養や儒学の知識は、のちの空海の生涯にとって決して無駄ではなかった。それらは空海の思想の中で、その体系の組立ての一部として生かされることになり、すぐれた文章力は、空海の生涯を通じて役立つことになるのである。

しかし真魚は折角の大学を中退してしまった。身体が悪いわけでもなく、教育内容に満足せず、自由な思索、自由な学問を求めて中退したのである。これは当時の常識では考えられないことであった。卒業しさえすれば、高位高官が待っているのである。それらを棄てて、あてどのない仏道修行に入ろうというのである。彼の将来に期待していた親戚や友人たちの反対がかなりはげしかったこともうなずける。

常識からすれば、大学を卒業したものは、役人として国政に参加し、天皇を輔《たす》けて力を尽くすことになっており、これができなければ不忠者となってしまう。それはまた同時に両親の期待を裏切ることで、不孝者ともなるのである。大学での当時の教育内容への失望から大学を中退した空海は、結極は、自らの意志に反して、不忠者・不孝者とそしられてしまう。

けれども空海は、自分が本当の不忠者、不孝者になったとは、どうしても思えなかった。仏道に入って人間の真の理想を追求しようとすることが、なぜ不忠・不孝になるのであろうか。高い視点から見れば自分の行動こそ本当の忠孝になるはずである。青年空海の心に去来するこうした苦悩と決断を、二十四歳の十二月付で戯曲《ぎきょく》の形で著したのが『三教指帰《さんごうしいき》』である。この作品の内容については次節にゆずり、いま、奈良時代末から平安初期の、わが国の思想・宗教界の事情を考えておこう。

わが国の奈良時代は、中国大陸では隋《ずい》から唐《とう》の最盛期にかかる時代で、中国はインドや西域《さいいき》との交通も開かれ、東洋の文化が西欧と交流した時代である。特に思想・宗教の面では、中国古来の儒教や道教に加えて、西暦紀元前後から中国に伝来した仏教が、学問的研究とあいまって、それぞれの宗派に発展していった。法相宗、三論《さんろん》宗、天台宗、華厳《けごん》宗など、大乗仏教の諸宗が並び立ち、キリスト教（景《けい》教）やゾロアスター教（祆《けん》教）も伝えられ、東洋史の上でも輝かしい発達をとげた時代である。

こうした中国の高い文化を直輸入して、奈良時代は、わが国上代における最も華やかな時代を

形成したのである。奈良の都といえば必らず挙げられる万葉の歌、

青丹《あおに》よし奈良の都は咲く花の匂うがごとくいま盛りなり

み民《たみ》われ生きるしるしあり天地《あめつち》の栄ゆる時にあえらく思えば

これらの歌に接する時、それから千二百年を隔てた私たちの心も、華やいだ気分になる。特に思想・宗教についていえば、中国と同じように、儒教あり道教あり、仏教は南都六宗があって各宗の大寺院が建立された。さらに日本全国に国分寺、国分尼寺が建てられ、それらを統合する総国分寺として東大寺が建てられ、大仏が鋳造され、奈良文化を強く彩《いろ》どっていた。しかしその裏では社会、経済上の行きづまりも顕れはじめ、氏族間の争いや、一部の僧侶の政治力の増大や堕落もあり、さらに宗派間の争いも多くなっていった。価値観の多様化とそれにともなう思想的混乱が広がり、指導者の間には、この混迷を、なんとか統一の方向にもっていけないのか、という願望も生まれてきた。すなわち奈良時代の末期には、だれ言うとなく、思想の統一を求める期待が高まり、人々の心にもそうした統一への方向が芽生えてきた時であったといえる。

桓武《かんむ》天皇はこの情勢を打開するために、政治、社会、経済の刷新《さっしん》を計り、先ず都を長岡京に移

し、十年を経てさらに平安遷都を断行した。こうした、いわば激動の時代に青年期を迎え、特に思想、宗教界の混乱と統一への要求を、身をもって解決しようと努力したのが空海と最澄であった。

最澄（後の伝教大師）は、中国の隋時代に『妙法蓮華経《みょうほうれんげきょう》』を基本として思想の統一を考えた智顗《ちぎ》（天台大師）の中国天台宗の教えを導入し、これに華厳宗や密教をも加えて、これをもってわが国の思想統合を計ろうとした。一方、空海は、密教を基本として思想統合をめざし、『大日経《だいにちきょう》』と『金剛頂経《こんごうちょうきょう》』、そしてこの経典の説く曼荼羅《まんだら》を活用して密教の展開を計った。最澄と空海に共通していることは、両者とも密教を扱っていたことであるが、密教の理解のしかた、価値の置きかたが大きく異っていた。これについては項をあらためて後に論じたい。そして結果的に見ると、その後のわが国の思想、宗教界は、密教の影響を受けながら進行し、次の鎌倉時代につらなっていくのである。

要するに空海の出世した時代は、インド、中国の思想、宗教を大量に採り入れた後に、これらの統一をはかるために、新しい自覚が起りつつあった時で、しかもそれから約三百年間、平安時代という、ほぼ泰平《たいへい》な時代が続いたこともあり、空海の思想体系は、わが国の文化や思想に深く刻みつけられることとなった。

ちなみに空海の誕生は宝亀五年（七七四）である。桓武天皇による平安遷都は七九四年であり、空海は二十一歳になっている。社会の大変動と識者たちのかかえていた思想の統合への希求、その時に青春のまっただ中を過した空海が、これを自分の課題として取り組まない筈が無い。そのためにはまさに自由な思索と学問が必要である。心ゆくまで、学びたいものを学び、何ものにもとらわれずに自由に思索する。そこにこそはじめて新しい時代の新しい道が開けるのである。こうした心づもりをしながら高い理想を追っていた空海にとって、当時の大学の授業や教育内容は、全くむなしい、理想とはほど遠いものであった。空海は大学を断念し、仏道研究をめざしたのである。

しかしこのことは、親戚や友人らから不忠、不孝と非難されてしまったことはすでに触れた。空海はここで大きな苦悩におち込んでしまった。空海の両親は、すでにかなりの歳で、兄二人が幼なくして死去したあとでもあり、讃岐の佐伯家の後継者として、空海は大いに期待されていた。またこの頃、一族の佐伯今毛人《いまけみし》が藤原種継《たねつぐ》の暗殺にかかわったとするかどで失脚したことなど不運があいついでいた。家名を挽回することも大いに大切であった。親戚知人たちのこうした期待をすべて振り切って、空海はあてどの無い求道の旅に出ようというのである。『三教指帰』では、この時の親戚等の大学中退と仏道修行への反対、それに対する空海自身の卒直な思いを次のように述べている。

「天地《てんち》の間にあって最もすぐれているものは人間であり、その人間の最もすぐれた行為は孝《こう》と忠《ちゅう》である。だから、忠と孝のいずれが欠けても人間としては許されないのだ。また人間の一生の喜びは結局、一家の富と出世であり、百年の心の友といっても、自分の妻子とはくらべものにならない。（中略）いまのお前には両親もあり主君もおられるのだ。それなのにどうして孝養も尽くさず、官にも仕《つか》えないのか。徒《いたず》らに自由人の仲間に入って暮し、国の賦役《ふえき》を逃げ免れようとする徒輩《やから》にまじって空しく時を過している。このような行為によってお前は先人の名をはずかしめており、見苦しい汚名を残しているのだ。これはまさに極刑に処せられるべきことで、君子たるものの最も恥とすべきものである。それなのにお前はあえてこれを行っている。親戚のものたちは、地にもぐってしまいたいほど恥ずかしい思いをしているし、一般の人だって目を掩《おお》って見ないふりをしているではないか。どうか早く心をあらためて、急いで忠孝の道につきなさい。」

こうした叱責に対して空海は次のように思いを述べる。

「親を安《やす》んじ主君を輔《たす》けることの大切さは、私はよくわかっているつもりです。このことは一瞬たりとも忘れないからこそ、胸の内が張り裂けんばかりなのです。（中略）私がいつも心配しているのは、父母に孝行できないうちに父母が世を去ってしまわないか、ということです。年老いた両親は髪の白さを増して冥土《めいど》に近づいています。月日は矢のように、父母の残りわずかな寿《いのち》に迫《せま》っている上に、一家の財産は乏しく、垣根も家も傾きかけているのです。その上、二人の兄が次々になくなってしまいました。親戚はいずれも生活が楽ではなく、みな涙する思いで暮しています。あゝ、何と悲しいことか。進んで仕官しようと思っても、無能な自分を用いてくれる人はいませんし、さりとて退《しりぞ》いてやめてしまえば私の収入を待っている両親がいるのです。進むにも退くにも途《みち》は谷《きわ》まっており、うろたえあわてるばかりなのです。」

こうした苦悩を乗り越えて空海は一つの決断を下す。つまり真実を求める仏道修行の生活は決して忠孝の道に背《そむ》かない、という決断である。『三教指帰』に言う。（この部分は青年空海の主張として重要なので原文の書き下しを記す）

「余《よ》思《おも》わく、物の情は一《いっ》ならず、飛沈性異《ひちんせいこと》なる。是の故に聖者の人を駆《か》るに、教網《きょうもう》に三種あり。いわゆる釈《しゃく》・李《り》・孔《こう》なり。浅深《せんじん》に隔《へだ》てありといえども並びにみな聖説《せいせつ》なり。もし一つの羅《あみ》に入《い》りなば何ぞ忠孝に背《そむ》かん、と」

およそ物の情は単純に画一化されるべきものではない。鳥は蒼空《あおぞら》を飛び、魚は深渕に沈む。人もあるいは仕官し、あるいは静かに思索する。いずれも天分にしたがってそれぞれの道を歩むものである。奈良、平安の時代を導くものとして仏教、道教、儒教の三つの教えをもっている。これらはいずれも人間を正しい道に救い上げる教綱であり、深い浅いの区別はあるものの、それぞれの真実を示しているのである。したがって、忠孝の道を狭く理解しているのは、真実の忠孝とはいえない。真実の道としての忠孝は、人生のあらゆる真実を含む、広々とした大道でなくてはならないのである。『三教指帰』では空海はさらに主張を続ける。

『礼記《らいき》』という書物の中に〝小孝は力を用い、大孝は匱《とぼ》しからず〟とあります。（小孝とは親から受けた慈愛を思いおこして父母に尽くすこと、大孝とは広く徳を施して人々のために備えること、ここでは、広く人々の幸せのために尽くす大孝の道のあることを示している。筆者注）。
泰伯《たいはく》という人は、弟に王位を譲るために、わざわざ身に入墨《いれずみ》し、髪を剃って異境の習俗に従ってその地に入り込んでしまいましたし、薩埵《さった》王子は飢えた虎の親子を救うために自ら虎の餌食《えじき》になってしまいました。これらの行為は、その両親たちに、それこそ地に倒れるほどの悲しみをあたえ、親族たちに、それこそ天に向って泣き叫ぶほどの嘆きをあたえました。この二人ほど大きな不孝を犯したものは無いといえましょう。ところが孔子は泰伯を評して〝至徳《しとく》の人〟

と呼び、薩埵王子はのちに、〝大覚《だいかく》の尊、仏陀〟として仰がれているのです。（中略）こう考えてみると、その道にかなっていさえすれば、目前の小事にこだわる必要は無いと思います。まして仏教においては、目連《もくれん》尊者が、餓鬼道におちた亡き母の苦しみを救済した話や、那舎《なしゃ》長者が、地獄に堕ちた父母を助けた話などが伝えられているように、仏道に入ることが不孝になるどころか、大きな孝の道であることを教えているではありませんか。」

空海の決断によれば、大学を中退して仏道を歩むことは大忠大孝《だいちゅうだいこう》の道であり、決して人の道に外れていない、というのである。そして二十四歳の十二月一日付で執筆した『三教指帰』の目的は、青年時代の自らの苦悩をどう乗り切って自身の道を決定したかを示す、つまり出家の宣言書であるということであり、同時にそのいきさつを戯曲の形で構成して、当時を代表する仏教、道教、儒教の帰着《きちゃく》するところを示したものなのである。

二、『三教指帰《さんごうしいき》』に関する諸問題

高野山に空海真筆と伝えられる『聾瞽指帰《ろうこしいき》』という一巻の著作が現存する。序文のあとに書かれた日付は『三教指帰』と同様に、延暦十六年十二月一日である。しかしこの著作についての歴史的な記録は一つも見当らない。ただ両書の序文と書名が違うこと、内容は全く同じであるが、韻文《いんぶん》の韻のふみかたが数ヶ所、文字が異っていること、そして『三教指帰』は三巻に分けてあるが、他は一巻である。

この両書についての見方はさまざまだが、最も無理の無い考えは、空海は延暦十六年十二月一日付で先ず『聾瞽指帰』一巻を著作し、その後、三十一歳で入唐《にっとう》する際に、記念すべき処女作でもあり、入唐は留学生《るがくしょう》のために二十年の予定であるから、中国に持っていき、唐の文人たちの意見も聞いて種々手直ししたのであろう。韻のふみかたは、『聾瞽指帰』の方が正確にふんでいるが、中国語の専門家からすれば、文学作品ならいざしらず、そうで無いならば、韻よりも意味が通じた方がよりよいとの指導を受けて字句の修正を試み、さらに序文を書き直し、書名も『三教指帰』の方が妥当だと考え、変更し、年月日は当初の通りにして、空海帰国後に世に問うた、と考えられる。

　次に本書の書名の読みかたについて、なにゆえに『さんごうしいき』と読まれているのかは、定かではない。一説には、同時代の最澄が『山家学生式《さんげがくしょうしき》』を著作し、これが『山家式《さんげしき》』と呼ばれているところから、これと混同しないように「しいき」と読ませたのではないか、という。

　制作の動機について『三教指帰』の序文には二つの理由があげられている。第一には、大学を中退して仏道修行に進もうとする空海に反対する人々への主張であり、第二には、空海に一人の表甥《ひょうせい》（父方の甥《おい》）があり、素行が悪いことをいさめて指導するため、とある。しかしそうした甥の存在は不明であり、これは恐らく本能のままに快楽を求めている当時の青年層、あるいは大学の学友、貴族の子弟たちへの空海の一般的な不同意を示したものと考えられる。そして本書全般を読み通してみれば、空海が当時までに大陸から輸入されたさまざまな思想や宗教の、本当の帰着点がどこにあるのかの問題を究めるためであり、これこそ当時の識者たちの共通の課題でもあり、その後の空海が生涯を通じて究め続けていた課題でもあった。つまり、このテーマは、空海の処女作『三教指帰』から出発して、五十七歳の著作『秘蔵宝鑰《ひぞうほうやく》』で帰着するまで、一貫して流れているものなのである。

　『三教指帰』は、空海の青年時代を知る唯一の資料であり、まことに豊富な内容を持っている。

これが二十四歳の青年の作品なのであるから、そのレベルの高さがわかる。さらに空海は文章を作るのがきわめて速かったという。長年空海に事《つか》えていた弟子の真済《しんぜい》が、空海の詩文を集めて編纂した『遍照発揮性霊集《へんじょうはっきしょうりょうしゅう》』の序文に、空海の文章力について、「手に随《したが》って章を為《な》し」、「遇う所にして作《な》し、草按《そうあん》を仮《か》らず（たちどころに書いて下書きなどしない）」と述べており、『続《しょく》日本後記』には、「筆を下《おろ》せば文を成す。世に伝う『三教論《さんごうろん》』（『三教指帰』のこと）は是れ信宿《しんしゅく》の間（信は三日、宿は二日、すなわち二、三日の間）に撰《せん》するところなり」と記されている。底知れぬ思考力と精神力を持っていた空海の、しかも青年時代のことであるから、実際に数日で書き上げたかも知れない。しかしそこに説かれる内容は、青年時代の空海の長い努力が結集されたものであり、彼の思想の出発点となる作品なのである。

この作品によって私たちは、空海がすでに中国の思想や文学に強い関心を持ち、多くの書物を読み、特に儒教、道教の本質をとらえ、さらに仏教の本質をもとらえようとしていたことがわかる。この時点では空海は、大乗仏教を基本に考えていたのであって、まだ密教には触れていない、と考えるべきである。ただ文中に一人の沙門《しゃもん》（僧侶）から「求聞持法《ぐもんじほう》」という修法を教授されたことや、主人公の仮名乞児《かめいこつじ》という青年僧が、水を呪《じゅ》して失神した人々の顔にそそいで蘇生《そせい》させる、という部分が見られるが、当時すでにわが国にもそういう密教的なものが伝えられていたことを示していると思われる。しかし後年に中国から空海が伝えた密教とは、やや趣《おもむ》きが違うものと考えてよいであろう。
『三教指帰』の内容は、要するに、当時のすべての教えを代表する儒教、道教、仏教の帰着するところを指し示したものであり、通俗的に述べれば次のような一つの劇を構成しているのである。

蛭牙公子《しつがこうし》という青年がいる。本能のままに生活を楽しみ、周りの人々になんら配慮しない。伯父の兎角公《とかくこう》は蛭牙の将来を心配し、ある休日に自宅で宴席を用意して、儒者の亀毛《きもう》先生を招き、蛭牙に正しい道を説いてほしいと依頼する。亀毛先生の熱弁を聞いて蛭牙は納得しようとする。すると偶然そこに居合わせた道教の虚亡隠士《きょぶいんじ》が、亀毛の話をあざ笑って、道教のすぐれていることを述べる。虚亡が道教の天上の快楽を述べると、亀毛、兎角、蛭牙の三名は、その説明に感心する。しかしこの時、門のかたわらに立って聞いていたのが、乞食僧《こつじきそう》の仮名乞児《かめいこつじ》であった。歳は二十四で身なりはきたなく、はたがあきれるほどであったが、彼の志はきわめて高かった。彼は一同の席へ招かれ、大乗仏教の大略を示し、人生の無常なることと、迷えるこの現世の生死海《しょうじかい》について述べ、真の理想を明かすのは仏道であると述べる。一同はこれに納得し、一緒に仏道を修行することを約束する。そこで仮名は一同のために十韻《じゅういん》の詩を読み、三教の帰着するところを明らかにして幕が降りる。

次に本文にしたがって登場人物が主張するところをもう少し詳しく述べてみよう。というのは、ここで主張されている価値観や人間観は、空海が後半生で構築した十住心思想にすべて生かされていくのであり、これを理解することが空海思想の原点と考えられるからである。

先ず蛭牙公子《しつがこうし》の生活であるが、一切の教育を嫌って自由に生活を楽しむ人生観である。本能のおもむくままに食欲と性欲を満たし、少しの徳性も持たない青年である。

次に亀毛先生は儒者である。彼の主張はこうである。およそ世の中には賢人・智人は少なく、善を行なう人はまれである。しかし、玉はみがけば光を顕《あらわ》すように、人も学問を積むことによって、才能が身についてくる。このゆえに、人間は「日に一日を慎しみ、時に一時を競《きそ》い」争って勉学につとめるならば、弁舌はすぐれ、文才は養われ、身分も上がり、富も増えてくる。そうすれば佳《よ》い妻も持てるし、立派な家庭も得られ、「もって一期《いちご》の愁《うれい》を消し、百年の楽《たのしみ》を快《こころよ》くせん」といい、富貴、栄誉、性愛、友情などによる歓喜にむせかえるこの世の幸せをたたえるのである。

続く虚亡《きょぶ》隠士は道士《どうし》である。亀毛の説くような楽しみにあふれたこの世の栄華に対して、道教では、人間の世界を超越した天上のよろこびを主張する。つまりこの世の感覚的な快楽を避け、慈《いつくし》みの心を養って、すべての生きものを大切にし、富貴などは塵芥《ちりあくた》の如く捨て去り、秘薬を服して五百万年の長寿を生き、まじないを呪して、真の心の安らかさを得て天仙《てんせん》の清福を得る。地上の幸福のはかなさを知り、神仙を仰ぐ生活を述べるのである。

最後に登場する仮名乞児《かめいこつじ》は乞食《こつじき》の青年僧で空海自身がモデルになっている。したがって仮名の主張する仏教は、とりもなおさず空海青年の仏教である。ここで彼の口から、先に述べた出家のいきさつや、仏道修行は忠孝にそむくことではない、と述べ、そして仮名は言う、

「皆さんの議論を聞いていると、全く不毛の議論です。亀毛先生の説も、虚亡隠士の説も、それぞれ時に応じて有用であり、間違っているわけではない。けれどもそれらの教えは、広大無辺な仏教という教えの一部分にすぎないと思われます」と。

これ以後仮名は、僧侶として修行している自分の生活を述べ、世の無常とその迷いの世界をどのように乗り切っていくかについて述べ、最後に十韻《じゅういん》の詩を作って三教の帰着点について次のように結ぶのである。

「太陽と月と星がそれぞれ輝《かがや》いて夜の闇を破るように、三つの教えは人々の心の闇を取りのぞいてくれます。人はそれぞれ性質も違うし欲望も違うから、心の闇を取りのぞく方法も違うのです。

三綱《さんごう》（君臣《くんしん》、父子《ふし》、夫婦）五常《ごじょう》（仁《じん》、義《ぎ》、礼《れい》、智《ち》、信《しん》）の道は孔子によって述べられました。この教えを習うものは槐林《かいりん》（大学）へ行って学びます。

変転を説く道教の教えは、老子によって授けられました。これを伝えようとするものは道観《どうかん》（道教の寺院）へ行って学びます。金仙《きんせん》（仏陀）の説かれる大乗仏教の教えは、教理も実効性も、最も深いものです。自分も他人も兼ねて広く済度《さいど》（救済）してくれます。もちろん獣や禽《とり》までも忘れてはおりません。春の花はやがて散り、秋の露ははかなく消えていきます。川の流れは住《とど》まることなく、急風《つむじかぜ》は音をたてて消えていきます。

このように六塵《ろくじん》（色《しき》、声《しょう》、香《こう》、味《み》、触《そく》、法《ほう》――種々の感覚として受けとる一切のもの――）の世界はすべて無常であり、はかないものであって、人を溺れさせる迷いの海であって、常《じょう》、楽《らく》、我《が》、浄《じょう》という四つの徳性を備えた涅槃《ねはん》の境界《きょうがい》（大乗仏教のめざす境界）こそが目標の嶺《みね》なのです。すでに三界《このよ》は、真の自由を妨げる束縛であることがわかりました。官位の象徴である冠の纓《ひも》や簪《かんざし》など遠くすてさるべきであります」

この結句は原文の書き下しでは、

「已《すで》に知んぬ、三界は縛《ばく》なることを。何ぞ纓簪《えいしん》を去《す》てざらん」

であり、大学を卒業して官位につく気持の無いことを強く示している。
『三教指帰』を著したのち、三十一歳の夏に入唐《にっとう》するまでの約六年間の空海の消息は明らかではない。しかしその間にも多くの苦悩をかかえ、非難を受けながら、それらを辛うじて耐えて、ようやく入唐することになるのである。しかしその頃の仏教の勉学と模索があったればこそその後の思想構築への道が開けていくのである。

当時のわが国にはすでに南都《なんと》六宗《ろくしゅう》があり、これらの優劣は中国において論じられ、小乗仏教に比して大乗仏教の優位が一般に認められていた。また大乗の中でも、法相宗、三論宗よりも、中国で成立した華厳宗、天台宗が優位にあることは、すでに認められていた。空海は血まなこになってこれら各宗の教理を理解したが、どれも究極の教えと考えることができなかった。そして苦悩していたある日、『大日経《だいにちきょう》』という密教経典と出遇ったのである。そしてはじめて、自分の求めていたものに出遇えた思いがしてその理解のために全力を注いだ。

『大日経』とは詳しくは『大毘盧遮那《だいびるしゃな》成仏《じょうぶつ》神変《じんぺん》加持《かじ》経《きょう》』といい、最も洗練された大乗の立場から、インドの諸宗教の一切を統一し、包括しようという意図をもっている。しかも一般の仏教は、悟りに至る道筋を理論的に説く傾向があるのに対して、密教経典は、悟りの境界を理性によって求めるだけではなく、理性と感性、知、情、意のすべてによって具体的に味わうことを強調する。そしてこの二点は、空海がたえず求めていたものであった。

しかし『大日経』の理解は、当時のわが国では困難であった。第一に真言《しんごん》とか陀羅尼《だらに》を知るためには原語であるサンスクリット語（インドの古語、梵語《ぼんご》）を学ばねばならない。第二に図像とか印契《いんげい》（両手指で種々の形をつくり修法の内容を象徴する）あるいは各種の法具などわからないことだらけである。日本には正式な密教の僧侶など一人もいない。どうしても師を求めて中国に渡るしかない。『三教指帰』を著作してから、恐らく郷土の四国の自然の中で修行し勉学していた途中で出遇った『大日経』の理解のために、三十一歳の空海は、二十年の予定で中国に留学することになるのである。

三、空海の生年について

空海の生年《せいねん》は奈良時代の宝亀《ほうき》五年（七七四）である。その証文の一つは、空海がかぞえ四十歳を迎えた時の感慨を述べた詩文で『性霊集《しょうりょうしゅう》』に収められている『中寿感興《ちゅうじゅかんきょう》の詩並《しならび》に序《じょ》』である。この文章自体には年号の記載が無いが、丁度その年を記念して空海は四十人の友人に依頼して『文殊讃法身礼《もんじゅさんほっしんらい》』という不空訳の四十頌《じゅ》の経文を方円図《ほうえんず》という形に書し、その第一文字をそれぞれ使って詩を和して欲しいとたよりしたのである。その一人が比叡山の最澄であった。最澄は空海からの依頼を受けてこれを承諾したが、その方円図というのを一度見ておきたいと返事した。その書簡の日付が、弘仁四年十一月二十三日であるところから、弘仁四年（八一三）が空海かぞえ四十歳ということがわかる。これを逆算すれば誕生年は七七四年になる。

第二の証文は、空海入定《にゅうじょう》の翌年、承和三年（八三六）五月十日、真済《しんぜい》、真然《しんぜん》の両法師が入唐することになり、真言宗の後継者として実慧《じちえ》は一通の書簡を彼らに託した。これは青龍寺の恵果《けいか》和尚《かしょう》の墓前に、空海の入定を報告し、夏冬の法服《ほうぶく》等や種々の贈物を贈る内容であった。この船はしかしながら対馬に漂着し、二人の法師は入唐を果たせず、翌四年四月六日、円行《えんぎょう》の入唐に托して再び贈っている。青龍寺の円鏡等は、これら日本からの贈物を受けて敬《つつ》しんで恵果和尚《けいかかしょう》の墓前に供え、日本の同法《どうぼう》の人々の誠意に対して感謝の意を表わした返信と贈物に対する答礼として、故恵果和尚がかつて使用していた五鈷鈴《ごこれい》、三鈷杵《さんこしょ》、独鈷杵《とっこしょ》、を空海の墓前へと贈り、その他種々の法具や経典等を実慧等に贈っている。その際の実慧からの書簡に、「空海師は、承和二年三月二十一日に六十二で、薪《たきぎ》尽《つ》き火消ゆ」とあり、これを逆算すれば誕生は宝亀五年（七七四）となる。

以上二つの確たる証拠に加えて、空海自作の『三教指帰』にも、著作の日付が延暦十六年十二月一日とあり、本文中の空海自身をモデルにした仮名乞児《かめいこつじ》がまわりの人々の質問に答えて、「たちまちに三八《さんぱち》の春秋を経《へ》たり」（いま二十四歳になりました）と述べている。これを逆算すればやはり誕生年は宝亀五年になるのであり、『三教指帰』は自伝でもなく歴史書でもないので、これをもって証拠にはなるとはいえないが、空海が自身の歳を正確に記していることがわかり、一つの傍証になると思う。

以上三点は真言宗の内部の資料であるが、空海が帰国した大同三年（八〇八）六月十九日付の「夏季《かき》の課役《かやく》を免《めん》ぜしめる官符《かんぷ》」にはかつて空海が出家して入唐した時の官符が全文引用されており、それによると「留学僧空海年卅五……去る延暦二十三年四月七日出家入唐す」その際の官符の日付が延暦二十四年九月十一日となっているのは、留学生として大阪港から乗船する一週間前になって空海が、正式の得度受戒を受けていないことがわかり、急いで東大寺の戒壇院《かいだんいん》で受戒し、届けを出す時間もなく乗船したという異例な事だった。中国に渡ったのち遣唐大使に同行した空海は大使の藤原葛野麻呂《ふじわらのかどのまろ》の知遇を得て、翌年帰国する大使に依頼して出家受戒の届けを出してもらったのである。空海本人は中国にいたわけであるから、その日付が延暦二十四年九月十一日になっている。しかしこの官符により空海の出家入唐は延暦二十三年であり、歳は三十一歳であることが知れるので、これから逆算しても空海の誕生は七七四年に間違いない。

しかしここで問題になるのは、わが国の正史として伝えられている『続日本後紀《しょくにほんこうき》』に、空海の卒年が「承和二年、六十三」と記されている点である。これを逆算すれば空海は七七三年誕生ということになり、一年くり上ってしまう。正史の編者がどこで誤ったのか、長い間不明であった。国史の編纂者たちは、筆者が先述したような真言宗の内部の著作などは恐らく見ていないであろう。資料とするのは官符等の公文書に違いない。ではどこかに、一年ずれた官符があるのだろうか。

江戸の幕末になって博物学者の野里梅園《のざとばいえん》が『梅園奇賞』という書物を出版し、その中に、古くから空海法師の出家を認めた官符の正本が石山寺に伝えられ、その忠実な模本が紹介された。そこには、空海の出家は「延暦二十二年四月七日」（三十一歳）とあり、その翌年の延暦二十三年に入唐（三十二歳）したことになっている。この取りあつかいについては京都大学名誉教授・上山春平氏著『空海』（昭和五十五年刊）、加藤純隆訳著『口語訳 秘蔵宝鑰』（昭和五十九年、世界聖典刊行協会刊、二六三頁）等に詳しいが、ここでは特に加藤氏の推論を参考にしたい。

加藤氏によれば、空海の出家についての太政官符は石山寺にあると伝えられる「延暦二十二年四月七日」と書かれたものと、「延暦二十三年四月七日」出家入唐とするものの二通があったのではないか、そして正史の編者たちは、一通は原本であり、他はその牒文《うつし》であるから「延暦二十二年出家」の方を元本と扱って一年の誤りが出てしまったのでは、という。また、空海のかわりに葛野麻呂が届出た書類に一年のずれがあり、延暦二十二年としたのは、入唐直前に出家受戒して直ちに乗船するなどというのは異例すぎると思い、好意的にわざわざ一年前に出家、そして出発ということにしたのではないか、という。

これは大いにあり得ることで、留学僧は帰国は二十年後であるし、まさか足かけ三年後に帰国するとは思わなかったであろう。二十年後の帰国ならば、当りまえの形にして届出を出してやろうとしたのは、十分に考えられることである。しかしそのことにより国の正史の記述に誤りが生じ、ひいては後世にまで問題を残したことになってしまった。以上、空海の誕生年は宝亀五年（七七四）に間違いないこと、及び『続日本後紀』の記述の誤りとその原因について述べた。

四、入唐《にっとう》・長安滞在をめぐって

密教経典のより深い理解のために中国に渡りたいという空海の願いは、延暦二十三年(八〇四)になって実現した。遣唐船に留学生として乗船し、二十年の予定で入唐するのである。大学を中退して不忠不孝とそしられた空海がなぜ六年後に留学生に選ばれたのか、理由は明らかでない。よほどの人物の推薦があったのであろう。ところがいざ大阪《なにわ》港から乗船する間際になって正式な僧侶としての手続きをふんでいないことが判明したのである。空海自身は二十代に師について出家したと思っていたが、それは私度僧《しどそう》といって、正式なものではなかった。そこで空海は難波の港を船出するわずか一週間前になって、公認の僧侶の資格を得ている。ただし急いでいるために中《なか》務省《つかさしょう》に申請書を提出する時間が無く、そのまま乗船し、翌年に先に帰国した藤原葛野麻呂に依頼して提出してもらった。空海出家入唐の許可を示す官符の日付が、延暦二十四年、つまり空海本人が在唐中になっているのはそのためである。しかしこうしたハプニングも、空海という青年が、形式的な手続きなどには無頓着であったことを示す、よい材料になると思う。

当時の入唐は難波港から瀬戸内海を経て、小倉からいったん肥前《ひぜん》の〝田《た》の浦《うら》〟に集結し、そこから風の具合を見て中国に渡るのである。四隻で出航したが翌日たちまち台風に遇い遣唐大使（藤原葛野麻呂）と空海が乗った第一船は三十四日の漂流ののち、奇蹟的に福州赤岸鎮《ふくしゅうせきがんちん》の近くに流れ着いた。いまの常識からすればなぜ、台風を予測できなかったのかと思うが、当時の船は帆船《はんせん》であるから、むしろ強い風が吹くのを待っていたのであり、ただそれがあまりに強すぎただけなのである。

遣唐副使と最澄が乗り合わせた第二船も同じく難破同然であったが、ばらばらに中国にたどりついた。他の二隻は沈没してしまったのであろう。これが歴史の不思議さとでもいうのであろうか、もし第一船と第二船が無事に着岸していなければ、平安初期のわが国の思想、宗教界は、ずいぶん変っていたに違いない。

さて中国の南端の福州に漂着した第一船の一行は、土地の役人に遣唐使であることを信用されなかった。そこで大使に依頼されて空海は書状をしたため提出したところ、それを一見した中国の役人は直ちに船の封を解き、慰問の挨拶を述べ、日本国の大使が来唐したことの報告を長安に伝えた。その際に空海の書状も当然添えられて長安に届いた筈である。大使にかわって筆をとった空海の力強い筆跡と、格調高い文面によって一行のもてなしが一変した。ちなみにこの書状をはじめとして空海が著した書簡類は、帰国後の朝廷への報告のために自《みずか》ら書写しており、現在まで『性霊集』等に残されている。

返り見れば、延暦二十三年（八〇四）七月六日に田の浦を出航し、三十四日の漂流、上陸の際のトラブル、そして長安からの許可が降りるまでの三十九日、福州から夜に日をついでの強行軍の旅で、一行が長安城の長楽駅に到着したのは十二月二十一日であった。田の浦を出てから五ヶ月を費やしたことになる。しかし折り悪しく唐の朝廷では徳宗皇帝は重病で、翌年一月二十三日に崩御、一月二十八日には皇太子が即位して順宗《じゅんそう》皇帝となった。空海の長安訪問は大変な時に当ってしまった。二月十一日、遣唐大使の一行は長安に別れを告げて帰国の途についたが、空海は留学生としてその時まで大使を手伝い、通訳などの仕事をしていたのである。

大使らの帰国を見送ってから、空海はようやく自由の身となり、その後四ヶ月ほど、世界最大の文化都市、長安城内をめぐり歩き、諸寺を参拝し文物を観察し、多くの僧侶や学者に出遇ったことであろう。しかし空海の目的は、長安で密教を伝えていた青龍寺の恵果から教えを受けることであった。

六月十三日、空海の目的を果たせる機会がめぐってきた。この時のいきさつは、後に空海が日本の朝廷に提出した報告書（真言宗ではこれを『御請来目録《ごしょうらいもくろく》』と呼んでいる）に詳しく書かれている。それによれば、その日空海は五、六名の勉強仲間と共に恵果を訪問した。和尚《かしょう》はたちまちに空海を見て咲《えみ》を含み、喜んで、告げられた、「私はお前の来ることを前から知っていたのだよ。この日の来るのをずっと待っていたのだ。よく来たよく来た。私の命《いのち》もあとわずかなのに、中国では密教の法を伝えるべき若者が少ないのだ。お前にすぐに法を伝えよう」といってくれた。これから六、七、八月と月に一度ずつ大法を授ける儀式を行ない、その上、曼荼羅などの掛軸十幅を絵師に画かせて空海に伝えてくれたり、唐朝廷の鋳《いもの》博士に密教法具十五種を新造させて持たせてくれた。

すでに触れたように、空海の入唐の目的は『大日経』の理解のためであった。しかし、入唐して恵果にはなしを聞いてみると、密教には『大日経』の系統のほかに、もう一つ『金剛頂経《こんごうちょうきょう》』という経典の系統があって、これも重要であること、しかもこの二つの経典が並び立って正しい密教になる（両部不二《りょうぶふに》）ことがはじめてわかったのである。そこで空海は恵果の教えに従って、当時まだ日本に到来していなかった不空《ふくう》という伝訳者が漢訳した『金剛頂経』の系統の経典（これらを新訳の経と呼んでいる）自らも写経し、アルバイトも頼んで写し持ち帰っている。空海はこれらの多数の経典や論書をごく薄い用紙に細字で写しこれを冊子に綴《と》じて三十帖にまとめ、きわめて簡便な形にしてわが国に持ち帰っている。この現物は、現在は京都の仁和寺《にんなじ》が所蔵しており、国宝に指定されている。もちろんこの他に持ち帰った曼荼羅や法具もそれぞれ第一級の国宝で、東寺（教王護国寺）や高野山等に保管されている。

恵果の知遇を得て、期せずして密教の正統な後継者となった空海は、その後、半年の間、恵果の教えを受け続けたが、恵果の体調が急変し、その年の十二月十五日突如として入滅してしまった。空海には、早く日本に帰って密教を弘め、人々を救済し国の安泰に役立てるよう遺言した、という（『御請来目録』にある）。

法を授《さずか》り、学ぶべきものをすべて学びおえるやいなや、大恩を受けた師がこの世を去ってしまったのである。これはまことに不思議なめぐり合わせである。もともと空海は、名もない東海の一青年留学生《るがくしょう》にすぎないのである。ただ密教を求めて長安に来ただけである。丁度その時に大唐皇帝の国師である密教の相承者、恵果が法を授けるべき若者をさがしていたのである。そして空海を見込んで直ちに弟子に加え、すべてを惜しみなく授けおわるや、やがて入滅してしまった。空海もこの師との出遇いと別れを深い意味合いで受けとめ、自分の生涯を通じての想い出としている。多くの弟子の中から選ばれて恵果の碑文を作り、書して残してきたその文中にいう、（ちなみにこの碑は現在発見されていないが、文章は空海が写し持ち帰り、『性霊集』に収められている）

「来《きた》ることわが力にあらず、帰らんことわが志にあらず、われを招くに鉤《こう》（かぎ）をもってし、われを引くに索《さく》（つな）をもってす……」

と。入唐、出遇い、別れ、そして帰国の一切が、師の指導のままであり、おかげであることを述べている。

恵果和尚の葬儀をすませて翌年一月十七日に埋葬し、師の遺言に従って空海は突然帰国することになる。しかし留学生の定めは二十年の滞在である。勝手に短縮すれば闕期《けっき》の罪という大罪になる。しかし仏道に入ったものにとって師の遺命は守らねばならぬ。空海はずいぶん苦慮したことであろう。丁度その時に日本から新皇帝への挨拶のために使節として高階真人《たかしなのまひと》が来唐した。空海は彼に依頼して共に帰国したい旨を申し出、唐朝廷の許しも得て帰国の途についた。しかしこのことは日本の朝廷には理解されることはなかった。帰国後の四年間、つまり平城《へいぜい》天皇の在位中、空海は太宰府《だざいふ》の観世音寺にとどめられたまま、京の都に入ることを許されなかったのである。この期間は空海にとって、たえがたい苦痛であったと思われる。苦難を乗り切って入唐し、密教の正嫡《せいちゃく》として新しい法を授り、日本の発展のために尽力しよう、そしてかねていだいていた大忠大孝の道を実現させようという強い抱負をいだいて帰国したものの、朝廷の扱いはきわめて冷たいのであり、京都に入ることすら許されなかったのである。

桓武《かんむ》天皇の第一皇子は平城天皇であり、空海は桓武天皇崩御の直後に帰国したことになる。そして大同四年（八〇九）平城天皇病身のため第二皇子の嵯峨天皇に譲位する。嵯峨天皇の即位によってようやく空海の前途は開けてくるのである。あくまで桓武天皇の方針を忠実に踏襲した平城天皇に比べて、嵯峨天皇は皇子の頃から文芸に秀で、書道を好むなどかねて空海とは親しんでいたと思われる。その嵯峨天皇が即位するや三ヶ月たって空海は京都の高雄山寺《たかおさんじ》に入住を許された。これ以後空海はこの山寺で過すことになり、実慧《じちえ》など二、三の弟子たちに密教を指導しながら将来に備えていたのである。

それから三年後の弘仁三年（八一二）空海はかぞえ三十九歳を迎えた。この年に最澄は空海に対して密教の授法を依頼し、十一月と十二月の二回にわたって高雄山寺で灌頂《かんじょう》という儀式が催され、最澄もこれを受けて密教の弟子になるのである。この際の灌頂の受者の名簿が空海の真筆として現存しており『灌頂歴名《れきめい》』といわれ国宝に指定されている。

五、『中寿感興の詩』

山野は黄ばみ、蒼空《あおぞら》は深く澄みわたり、空海は数え四十歳の秋を迎えた。これまで努力し続けてきた半生をふり返り、空海の胸中には感慨ひとしおのものがあった。当時は人生五十年が常識であり、四十歳は中寿《ちゅうじゅ》といって祝ったのである。空海はここで『中寿感興の詩並びに序』という詩と文を作った。『性霊集』所収の詩をあげてみよう。

黄葉索山野　（黄葉山野に索《つ》―尽―く）
蒼蒼豈始終　（蒼蒼《そうそう》豈《あ》に始終《ししゅう》あらんや）
嗟余五八歳　（嗟《ああ》、余《われ》、五八の歳《とし》）
長夜念円融　（長夜《じょうや》に円融《えんゆう》を念《おも》えり）
浮雲何処出　（浮雲《ふうん》いずれの処より出ずる）

本是浄虚空（本《もと》これ浄虚空《じょうこくう》なり）
欲談一心趣（一心の趣《おもむき》を談《かた》らんと欲すれば）
三曜朗天中（三曜天中《さんようてんちゅう》に朗《ほがら》かなり）

移り行く秋の景色と、変ることのない青空とを対比させて、迷いの闇の中から光明を求めつつ四十歳を迎えた、と述べ、後半では、自分で体得した清らかな境地を述べている。本来少しもけがれていない浄らかな虚空《こくう》に、一体どこから迷いの雲が出るのであろうか。しかも青空を仰げば太陽も月も星も、常に輝いている、と述べて、われわれの心の中に本来耀《かがや》いている仏の光をたたえている。弘仁四年（八一三）の初冬のことである。本文には年号の記載は無いが、先述の空海の生年の項で述べたように、最澄との書簡の交信で、最澄の書簡に弘仁四年の記載が確認される。

翌五年、六年の頃から空海は、自分が中国から受けてきた真言密教を弘めるために、かなり具体的な努力を続けている。最澄との関係は後にまとめて述べるが、弘仁四年ごろまでが最も親密であったが、やがて各自の立場から別々に活動するようになっていく。

真言密教の流布のために最も必要なことはまず弟子の養成であり、続いて経論の書写をしてその数を増すことであり、第三に自身の思想体系を組み立てて、著作を通じてこれを世に問うことである。足かけ三年の中国留学から帰国した三十三歳からの空海は、これらの作業を続けていたが、特に思想の研究と著作には、かなりの時間をとられたと思う。したがって写経などの作業は、知人などに依頼しており、各方面に対して紙や筆などの入手について協力を求める書簡が残っている。

ここでは四十歳代の空海の様子を知るために、次のような書簡を紹介しよう。年月や宛名は無いけれども、太宰府以来七年目とあるところから見て弘仁五年、空海四十一歳ころのものと推定される。

「太宰府でお会いして以来七年たっておりますが、おなつかしく存じます。風のたよりにあなたがこの頃、京都にお住まいとうかがっております。すぐにでもお目にかかりたいのですが、やらねばならぬ仕事をかかえており、この山寺を出ることができません。高雄山寺の台所は食糧が不足がちですので、できますれば米や油(灯油)を送って頂ければと存じます。また、中国から持ち帰った経論や文書などを書き写して、世に弘めたいと思っておりますので、紙や筆などもお願いいたします。」

また他の一通にも、

「秋も深くなり冷《すず》しくなりました。私が中国より持ち帰った経論はかなりの数ですが、その中のいくつかを写して広く人々に読んでもらいたいと思っております。太宰府在住のおりに紙や筆のご協力をお願いいたしましたが、どうぞよろしくお頼みします。」

こうした依頼が実り、「二千帳の紙、四十管の筆、二十廷《ちょう》の墨をお贈り頂きありがとう」というお礼の書簡も残っている。これらの書状の内容から、山寺での物資不足の生活と、その中で精一ぱい努力する空海の意気込みが知られるのである。

六、最澄（伝教大師）との道交を総括する

平安初期の思想、宗教界をになうことになる空海と最澄は、一方の空海は二十年の予定で留学《るがく》生《しょう》として中国の文化を輸入するために、一方の最澄は還学生《げんがくしょう》として短期間（一年以内に遣唐大使らと共に帰国する）に天台の法門を学ぶために、同じ船団で出発した。空海は三十一歳、最澄三十八歳であった。すでに触れたように四隻の船団は暴風に遇ってちりじりになり、第一船と第二船に乗った両者は別々の港に命からがらたどり着き、最澄はそのまま直接天台山に登り、空海は長安の都で過し、この間お互いに遇うことはなかった。もっとも還学生と留学生では身分が全く違うのであって、いまでいえば教授と学生ほどの開きがあった。だからこの二人が文通し語り合うのは、二人が帰国してのち、空海が高雄山寺に入ることを許されてからである。

最澄は天台の法門を求めて入唐したが、これについては桓武天皇より直接の依頼があった。すなわち平安遷都によって人心の一新をはかった天皇は、宗教の面でも、奈良の仏教とは異《こと》なった、新しい、清廉《せいれん》な仏教を求めていた。その実現のために白羽の矢が立ったのが最澄であった。天皇

は新しい仏教の指導者として最澄にすべてを託した。当時すでに『法華経』を学び講じていた最澄に、天皇は、はじめは弟子二人を入唐させるよう依頼したが、出発直前になって、最澄自身が入唐し天台の認可を得てくるよう命じられたという。最澄はしたがって明州から直接天台山に登り、帰国の途中で、当時中国で盛んに行なわれていた密教をも学んだが、還学生のために帰国を急がねばならず、密教については十分に究めることができなかった。しかしあとから帰国した空海は、すでに触れたように密教の正嫡《せいちゃく》として多くの経論や法具等を持って帰国し、その報告書（前出、『御請来目録』）を朝廷に提出し四年後にようやく京都の高雄山寺に入住することを許されたのである。ところで空海が帰国に際して日本の朝廷に提出した『目録』を、最も早く眼にしたのは、一足先に帰国し、朝廷に出入りを許されていた内供奉《ないぐぶ》の最澄であった。最澄はこれら提出された目録の経論の豊富な内容に感動し、ただちにこの目録を書き写して自身の参考にしようとした。現在まで残っているのは皮肉にも、その際に最澄が書写したものだけであり、最澄の真筆として国宝に指定されている。

空海に宛てた最澄からの書簡で現存するものは二十三通にのぼるが、その最初のものは大同四年（八〇九）空海が高雄《たかお》に入って間もない頃のものである。その内容は、十二部五十三巻の経論をしばらくお借りしたい、というものであった。これを機として二人の親交は深くなり、弘仁二年（八一一）には、空海に密教の伝授を依頼している。さらに弘仁三年（八一二）の書簡で最澄は、空海が密教の伝授を承諾したことに感謝し、その中で、真言の教えは天台の教えとあい通じるものがあり、互いに協力して密教を弘めましょう、と述べている。空海としても中国から受けてきた真言の法門を後継者に伝えていかねばならないし、その数も多いほうがよいと考えていた。

この数年の間、最澄はしばしば空海から書物を借り（前記二十三通の書簡のうち、十六通が請借の書状）密教を勉強している。弘仁三年十月二十七日京都郊外の乙訓寺《おとくにじ》に滞在していた空海を訪ね一泊した際に、きたる十二月十日に密教の伝授（潅頂《かんじょう》）をしようと約束する。実際には十一月と十二月の二度にわたって授法がおこなわれたが、これを高雄の潅頂といい、その際の受者の名を控えた名簿が、「潅頂歴名《かんじょうれきめい》」と呼ばれ空海の直筆であるが、先に触れたのでここでは省略する。さて潅頂の儀式は受けたものの密教の研究は容易ではない。多忙な最澄は比叡山に帰り、数名の弟子をそのまま高雄の空海にあずけて引き続き密教を学ばせたのである。

この頃、空海から最澄に宛てた書簡三通が現在も東寺に残されている。内容はいずれも最澄宛の返書であるが、その内の一通を紹介しよう。この書簡の書き出しが「風信」の二字ではじまっているところから、書道の方面で『風信帖《ふうしんじょう》』と呼ばれ親しまれている。空海の草書《そうしょ》を代表する国宝である。

「風信雲書《うんしょ》（最澄からのたよりを指す）**天より翔臨《しょうりん》す。これを披《ひら》きこれを閲《えつ》するに雲霧を掲《かか》ぐる**

が如し（あなたのおっしゃることがよくわかりました）兼ねて止観《しかん》の妙門（天台宗の書物、『摩訶止観《まかしかん》』か）を恵《めぐ》まる。頂戴供養す。厝《お》く所を知らず（大変嬉しい）。已《すで》に冷やかなり。伏して惟《おもん》みれば法体いかがなりや。空海、常に命《めい》に随って彼《か》の嶺《みね》（比叡山を指す）に躋攀《せいはん》せんと擬《こら》すといえども、限るに少願をもってし、東西することあたわず。今おもわく、われと金蘭《きんらん》（あなた様、最澄師）と及び室山《しつざん》（室生寺の住職、当時は堅慧《けんね》か）と一処に集会《しゅうえ》して、仏法の大事因縁を商量《しょうりょう》し、共に法《ほう》幢《とう》を建てて仏の恩徳に報《むく》いんことを。望むらくは煩労《はんろう》を憚《はばか》らずして暫《しばら》くこの院（高雄山寺《たかおさんじ》）に降赴《ごうふ》せよ。これ望む所なり望む所なり。　怱々《そうそう》不具。九月十一日釈空海　状上

東嶺金蘭　法前謹空」

この書状の意味は、はじめに最澄のたよりと贈物に感謝し、自分はある少願をおこしてやらねばならぬ仕事があるので山を出ることができないけれども、私とあなたと室生寺の三人で会合して仏教の将来を考え、仏の恩徳に報いようではないか、というものである。このような短いたよりの中にも、当時の意気投合した二人の心と、ニューリーダーとしての空海の志《こころざし》が読みとれると思う。こうした親交は数年続いたが、弘仁四年九月一日付で最澄は『依憑天台集《えひょうてんだいしゅう》』一巻を著した。この内容は、各宗が天台の教学について論難をしかけてくるけれども、他の教義はいずれも天台の物まねであり天台を根拠にしているではないか、といい、各宗の祖師たちをやり玉にあ

げ、最後に一行《いちぎょう》、不空《ふくう》という二人の密教の師をも俎上《そじょう》に乗せているのである。この書は、あずかっている最澄の高弟たちを通じて高雄の空海の目に直ちに触れた筈である。そして空海は最澄があくまで『法華経』を根本所依とした天台宗を中心に進んでいくことを確認するのである。最澄はこれまで天台と真言は同じ趣旨だといって密教を学ぼうとしている。しかしそれはあくまで天台を中心とした密教ではないのか。一方空海は真言密教を中心に思想を組み立てようとしている。両者の密教に対する思いが、ここではっきりわかれることになった。それから三ヶ月ほどした弘仁四年十一月二十三日付で最澄から問題のたよりが届いたのである。その内容は次の通りである。

「弟子最澄、和南す。書を借《か》らんと請《こ》う事、新撰の文殊讃法身礼方円図並びに注義

釈理趣経一巻

右、来月中旬を限りて請う所、件《くだん》の如し。先日借る所の経並びに目録等は正身持参し敢《あえ》て誑損せじ。謹んで貞聡仏子に附して申上《しんじょう》す。

弟子最澄和南

弘仁四年十一月二十三日（一本には二十日に作り、一本には二十五日に作る）

弟子最澄状上

高雄遍照大阿闍梨座下

弟子の志は諸仏の知る所、都《すべ》て異心《いしん》なし。惟《た》だ棄捨《きしゃ》すること莫《な》くんば弟子幸甚なり。

謹空」

この書状にみえる『文殊讃法身礼方円図《もんじゅさんほっしんらいほうえんず》』は、前に触れた通り、不空訳の四十句の経文を空海が方円図に画き、自身が四十歳を迎えた記念にその頭の四十字に四十名の友人に、和《わ》して詩を作って貰いたい、と依頼したもので、その一人に最澄が加わっていたのである。几帳面な最澄は、文字だけではなく、空海作の方円図まで一度見ておきたい、と考えたのであろう。

しかし『釈理趣経』は、内容は『理趣経』という『金剛頂経』系統の密教経典の注釈書であり、『理趣釈経』と一般にはいわれている。不空訳の経典として伝えられてはいるが、実際には、『理趣経』にきわめて達意的な解釈を加えたもので、不空三蔵の密教純粋化の努力があふれている論書であり、これを授けるには、特に人を簡《えら》ぶべき性質のものである。また前述したように、この最澄の書状は、四十歳を迎えた空海が弘仁四年であったことを示す重要な証拠であり、『中寿感興の詩』と合わせて、空海が宝亀五年（七七四）誕生の証拠の一つになっているのである。

さて最澄の『釈理趣経』の請借を受けて、空海は直ちに返信を送り、懇切な中にもまことに厳然たる態度で断っている。これまで何回となく請借があったが、常に快く承諾してきた空海が、ここに至ってなぜきびしく断ったのか、についてこれまで種々の意見があるが、いずれも正しいものとは思えないものばかりである。しかしこの理由は、請借のわずか三ヶ月ほど前に、最澄が『依憑天台集』を著作し、空海がそれを読んだことにあると思う。

○最澄著、『依憑《えひょう》天台集』について

この書は詳しくは『大唐《だいとう》新羅《しらぎ》諸宗《しょしゅう》義匠《ぎしょう》依憑天台義集』というが、その成立については議論がある。というのは、まず本文の末尾に「弘仁四年癸巳九月一日」とあり、序文には「弘仁七丙申之歳也」とあるためにそのいずれを採《と》るかで別れるが、最も無理の無い解釈は、塩入亮忠博士の「弘仁四年集記、弘仁七年発表」であるようで、近年では田村晃祐博士が、弘仁四年集記を認めつつ、「弘仁七年」の序文について「最初は主として自宗内において天台の優位性を示す必要があって書かれた書物であったものが、その後の最澄をめぐる状況の変化に応じて、他宗批判という性格をも付与されて弘仁七年、主として対外的に公《おおや》けにされたものと考えられる」（印仏研究21―2　六十頁、「最澄『依憑集』ついて）と説いている。筆者は両博士の認められるように弘仁四年に成立し、「一般には未発表」であったかも知れぬが、当時の最澄、空海の交友は深いのであり、この弘仁四年の一月十八日には、最澄は弟子の円澄をつかわして空海から真言法を学ばしめ、同じく弟子の泰範を再度高雄につかわして法華《ほっけ》一尊法《いっそんほう》を学ばせるなどしており、彼ら高弟たちを通じても、『依憑集』は直ちに空海が読んでいたことは、容易に想像できる。

『依憑集』の内容は、概略は先述したが、唐及び新羅の仏教諸宗の高僧たちの学説は、すべて天台の学説に依憑している、つまり天台のものまねに過ぎないのであって、各宗の根本になるのが天台の宗義であると主張する作品である。道宣、吉蔵、智周、法蔵、恵苑等の諸師十二名のそれぞれの作品を俎上《そじょう》にあげ、十三項目にわけて論述する。この中で華厳宗五名、法相、三論各二名、律宗及び大仏頂宗各一、そして密教として一行《いちぎょう》と不空《ふくう》の両師が加えられている。その内、まず一行については、「大唐南岳の真言宗の沙門一行、天台の三徳に同じて数息三諦《すそくさんたい》の義」で、『大日経疏』の筆録者と伝えられる一行が、天台の学説に依憑すると説き、次に不空については、「天竺《てんじく》の名僧、大唐の天台の教迹《きょうしゃく》、最も邪正を簡《えら》ぶに堪えたり、と聞き、渇仰《かつごう》訪問の縁」という項で、間接的ではあるが不空三蔵はもともと天台所属の僧で、当然天台に依憑していることを述べている。

一行は『大日経』の伝訳者である善無畏《ぜんむい》の弟子である中国僧であり、師の善無畏が『大日経』を翻訳したのちにさらにこれについて講義したものを筆録したのが一行と伝えられており、その講義録の『大日経疏』は、空海も帰途、中国から持ちかえっており、空海にとってはこの書物は『大日経』の理解のためには絶対に欠かすことのできない重要なものである。空海がのちに自身の思想「十住心思想」を構築するのに大きな示唆を与えられた書物でもある。したがって善無畏から一行へという系譜は空海にとって重要な意味を持っている。

次に不空については、師の恵果《けいか》のさらに師であり、密教経典の伝訳家であると共に、その翻訳の過程で、密教の新しい教理を形成しようと努力しており、空海にとってこれも又、重要な先駆的努力であり、不空、恵果の系譜も特別な意味を持っている。インド伝来の密教経典類は、そのほとんどが修法についての儀軌《ぎき》（解説書）の性格を持っており、たとえば教主としての大日如来が、発達した大乗仏教の中で一体どのような仏格を持っているのか、など教理的意味づけがきわめて少ないのである。それぞれに説かれる曼荼羅を見れば、大日如来はその中央に位置している。しかしそれだけでは、大日が他の諸尊とは異って、ひときわ重要であることは知れるものの、仏教学的に他の尊との異《こと》なりを説明しなければ足りないのである。しかし、不空や一行は、その努力を残しており、空海は彼らの方向を見てそうした努力をふまえて密教々理や仏身観などを完成していったのである。ちなみに不空の命日は七七四年六月十五日であり、同じ年に生まれた空海の誕生日を不空の生まれかわりという意味でこの日として記念しているが、この説はすでに鎌倉時代の学僧、頼瑜《らいゆ》の『真俗雑記問答抄《しんぞくざっきもんどうしょう》』にそういう説がある。

不空訳の多くの経典の中でも、特に、『金剛頂経十八会指帰《じゅうはってしき》』、『分別聖位経《ふんべつしょういぎょう》』、『三十七尊心要《そんしんよう》』、そして最澄からの請借《せいしゃく》を受けた『釈理趣経』は、不空の努力が盛り込まれている不空の著作した論書という内容なのである。

最澄が、不空は天台の僧であり、その述べていることも当然天台の内容だ、と断定しておきながら、その三ヶ月後に不空訳の『理趣釈経』を借して欲しい、というのは、伝統と伝承を重んじて密教を受けとめている空海にとって、法の上で許されないと考えたに違いない。断りの返信の中で空海は、「この書をあなた（最澄）が私から借りることも、私があなたにお貸しすることもともに非法の行為になってしまいます」と述べていることを見ても、単純にこの書が大切であるからとか、貸すのを惜しんだからとかの理由ではない。明らかに、最澄の密教への考え方が、自分と異ることを知ったからである。空海のこの時の卒直な気持を知るために、最澄に宛てた返信の後半の部分をここに紹介しておこう。

「（前略）それ秘蔵の興廃《こうはい》は唯《た》だ汝《なんじ》と我《われ》とのみなり。汝もし非法にして受け、我もし非法にして伝えなば、則《すなわ》ち将来の求法の人《にん》は何に由《よ》ってか求道の意《こころ》を知ることを得ん。非法の伝受はこれを盗法《とうほう》と名づく。則ちこれ仏を誑《あざむ》くなり。

又、秘蔵の奥旨《おうし》は、文を得るを貴《とうと》しとせず。唯だ心を以て心に伝うるに在り。文はこれ糟粕《そうはく》（ぬかやかす）のみ。文はこれ瓦礫《がれき》のみ。糟粕、瓦礫を受くればすなはち粋実至実（純粋な本質）を失う。実《じつ》を棄《す》て偽《ぎ》を拾うは愚人《ぐにん》の法なり。愚人の法には汝したがうべからず。また求むべからず」

すなわち密教の奥義の伝授を乞《こ》わないで単に文書だけを借りたいという態度は正しくないとしており、つづけて正しい受法について種々に説く。いわく、

「又、古人《こじん》は道の為めに道を求む。名のためにこれを求むるは求道《ぐどう》の志にあらず。求道の志は己《おのれ》を道法に忘る。なおし輪王《りんのう》の仙《せん》に仕《つか》えしが如《ごと》し。（正法を求めるため転輪聖王《てんりんじょうおう》ほどの人が仏道と異《こと》なる仙道の仙人にまで道を学んだという故事）途《みち》に聞いて途に説くは夫子《ふうし》（孔子）も聴《ゆる》さず（『論語』にいわく、教えを聞いて実行せずに他人に説くのは徳を棄てることだ、道に聴きて途に説くは、徳のこれ棄つるなり）時と機と応ぜざるときは、我が師（仏陀）も黙然《もくねん》たり。ゆえいかんとなれば、法はこれ難思《なんし》なり。信心ありて能《よ》く入《い》る。口に信修を唱うるとも心則ち嫌退《けんたい》すれば、頭《はじめ》あって尾《おわり》無し。言って行わずんば信修するが如くなるとも、足らず。始《はじめ》を合《よ》くし終《おわり》を淑《よ》くするは君子の人《にん》なり」

すなわち法は難思であるから作法に従って受ける必要があり、また口だけで信修するといっても、実際に修法を行ずるのでなければ信修ではない、というのである。次に

「心の海岸に達《いた》らんと欲《おも》わば、船に棹《さお》ささんには如《し》かじ、船筏《せんばつ》の虚実を論ずべからず、毒箭《どくせん》を抜かんには空《むな》しく来処《らいしょ》を問わざれ（船で岸に着きたいならば、棹《さお》でこがなければならない。その場に及んで船が良いとか悪いとか言っている場合ではない。また釈尊の逸話にあるように、毒箭《どくや》に射られた人を助けるには、まず箭を抜くことが重要であって、その箭がどこから飛んできたかを問うている場合ではない）

道を聞いて動かずんば千里をば何《いか》んが見ん」

と述べ、

「海を酌《く》むの信（『智度論《ちどろん》』に言う、好施菩薩は海水を酌《く》み尽してその底にある宝珠を得て衆生《しゅじょう》に施《ほどこ》せりと）鎚《つち》を磨《ま》するの士《し》（ある書に云う、天人あり鉄槌《てっつい》を磨して針を造《つく》らんとす。懈怠《けたい》の僧これを見て再び精進す、と）に非ずよりんば誰《た》れか能《よ》く一覚《いっかく》の妙行《みょうぎょう》を信じて三磨《さんま》（三昧《さんまい》）の難思《なんし》を修《しゅ》せん。止《や》みね止《や》みね舎《とど》まりね舎《とど》まりね、吾《わ》れ未《いま》だ其《そ》の人《にん》を見ず」

と言う。そしてさらに、

「其《そ》の人豈《にんあ》に遠からんや、信修《しんしゅ》すれば則ち其の人なり。若《も》し信修する有らば男女を論ぜず皆これ其の人なり。貴賤《きせん》を簡《えら》ばず悉《ことごと》くこれ其の器《うつわ》なり。其の器にして来《きた》り扣《たた》くときんば、鐘谷《しょうこく》則ち響《ひび》かん。妙薬は篋《はこ》に盈《み》つれども嘗《な》めずんば益《えき》なし。珍衣《ちんえ》は櫃《ひつ》に満《み》つれども著《き》ずんば則ち寒し。阿難《あなん》は多聞《たもん》なりしかども是《ぜ》とするに足《た》らず、釈迦は精勤《しょうごん》なりしかば伐訶《ばか》（薄伽梵《ばがぼん》、仏陀、いまは成仏《じょうぶつ》すること）遠からざりき」

これらの文は、文字によって密教を理解しようとする最澄の態度に対して、自己を虚《むな》しくして信修する必要のあることを強調しているものと思う。そして最後にこう結ぶ。

「汝《なんじ》もし三昧耶《さんまや》を越《おっ》せずして護《まも》ること身命《しんみょう》の如くにし（密教の戒律である三昧耶戒を命がけで護り）四禁《しきん》を堅持《けんじ》して愛すること眼目《がんもく》に均《ひと》しくし（これも密教の最重の戒律、四重禁戒をしっかりと守る）教の如く修観して坎《あな》に臨《のぞ》んで績《せき》あらば（教えを乞《こ》うに当って法を求める本当の志があるならば）則《すなわ》ち五智の秘璽《ひじ》（本来所有する仏智）も踵《きびす》を旋《めぐら》すに期しつべし。況《いわ》んや乃《すなわ》ち髻中《けいちゅう》の明珠《みょうしゅ》（最も大切な宝物、密教の教えを指す）をや誰《た》れか亦《ま》た秘《ひ》し惜《お》しまん。努力自愛せよ。還るに因《よ》って此《ここ》に一二《いちじ》を示す（帰りの使いに持たせて一、二お答えいたしました）釈遍照《しゃくへんじょう》（空海の号）」

丁度この弘仁四年十一月二十五日付で、泰範《たいはん》という弟子に宛てた最澄の書簡がある。当時泰範は高雄《たかお》の空海のもとにあずけられ、密教を学んでいた。空海の断わりの返信は、使者の還るに因《よ》せて持たせたものであるから、十一月二十三日付だとすれば、これを受け取った後で最澄がしたためたものである。文章のはじめの二文字を採《と》って『久隔帖《きゅうかくちょう》』と呼ばれ、真筆が現存している。最澄の心を知るための資料としていまこれを挙げておこう。

「久しく清音《せいおん》を隔《へだ》つ、馳恋《ちれん》極まり無し。（久しくおたよりが無いのでさびしく思っております）安和なるを伝承して且《しばら》く下情《かじょう》を慰《なぐ》さむ。大阿闍梨《だいあじゃり》（空海を指す）示すところの五八《ごはち》の詩の序の中に一百二十礼仏《らいぶつ》並びに方円図並びに義注《ぎちゅう》等の名あり。今、詩に和《わ》し奉《たてまつ》らんとするに未《いま》だその礼仏図なるものを知らず。伏して乞《こ》う阿闍梨（空海先生）に聞かしめて其《そ》の撰《せん》する所の図義並びに其の大意等を告施《こくせ》せよ。其の和詩は忽《たちま》ちに作り難く、著筆の文は後代に改め難し。惟《た》だ委《い》曲《きょく》を示せ。必ず和詩を造りて座下に奉上せん。謹《つつし》んで貞聡仏子に附して奉状す。和南

弘仁四年十一月二十五日

小法弟最澄状上

高雄　範闍梨《はんじゃり》（泰範）法前

此の頃、法華梵本一巻を得たり。阿闍梨（空海）に見せしめんが為《た》めに来月九、十日許《ころ》を以て参上せん。もし和上《わじょう》の暇《ひま》あらば必ず将《まさ》に参上せんとす。若し暇なくんば更に後《のち》の暇を待たん。惟《た》だ指南を示せ。委曲《いきょう》は尋《つ》いで申上《しんじょう》せん。謹空《きんくう》。」

年次を明記していないが最澄の次の書簡は、恐らく弘仁五年正月のものである。

「世間の願《ねがい》と出世（出世間、出家のこと）の上上の願とは、最澄住持の念《こころ》をば寝食にも忘れず。惟《た》だ形迹《けいしゃく》せざるのみ。但《た》だ最澄の意趣は御書等を写す可《べ》きことなり。目録に依って皆 悉《みなことごと》く写し取り了《おわ》んぬ。即ち持して一度聴学《ちょうがく》せん。此の院（比叡山）には写し取ること穏便《おんびん》あり。彼《か》の院（高雄山寺）には上食せんこと太《はなは》だ難《かた》く、写し取るに由《よし》なし。伏《ふ》して乞《こ》う我が大師、奸心《かんしん》を用いて盗んで御書を写し取りて慢心発《おこ》すと疑うこと莫《なか》れ。泰範仏子に従えて意を申《の》ぶ。写す所の本、好便あらば借与せよ。小弟子、越三昧《おつさんまい》の心を発《おこ》さず。委曲の志は具《つぶ》さに泰範仏子に知らしむ。更に導《い》わず以て指南《しなん》の心（教えを受けようとする心）を表す。天照、天照、稽首、
正月十八日　弟子最澄　啪言《とつげん》。」

この書簡の後に最澄から空海に宛てて出した二通の書状があるが、いずれも催促を受けて経論を返却する内容のものである。弘仁七年二月十日『新華厳疏』等を返上する書簡のおわりにも「時に至らば頂謁《ちょうえつ》して聞かん、珍重《ちんちょう》なり」と述べ、空海に対する態度は少しも変っていない。そして弘仁七年の五月になって、泰範の帰属について、問題の書簡が往復されたのである。

○泰範の去就について

元興寺《がんごうじ》の僧、泰範《たいはん》は、承和《じょうわ》四年の僧綱牒《そうごうちょう》によれば、二十五歳で出家し、空海より四歳の年下

であり、したがって最澄より十二歳の年下ということになる。彼は最澄が比叡山を中心に天台宗の興隆に努力している時に弟子に加わり、最澄から手厚く迎えられ、その事業の手助けをしている。しかしその間に、最澄の許《もと》を去らなければならない事情が起り、最澄は彼を慰留している。その後、最澄のすすめによって、空海に従って高雄の灌頂《かんじょう》を受け、空海に随身《ずいしん》して密教を学び、ついに空海の弟子となってしまうのである。弘仁七年五月、最澄は泰範に比叡山に帰山《きざん》するようにとの書簡を送ったが、その際に空海は、泰範の依頼を受けて泰範に代って返書を書いているのである。以下に、このあたりの事情をもう少し詳しく述べ直してみよう。

最澄は弘仁三年五月八日付の遺言の中では泰範を「山寺の総別当、兼文書司」として一山のリーダーに推《お》しているのである。ところが一方の泰範は、この最澄の遺言の直後の弘仁三年六月二十九日には、自分の非行を恥じて暇請《いとまごい》をしている。その中に言う、

「泰範常に破戒の意行あり、徒《いたず》らに清浄の衆を穢《けが》す。伊蘭《いらん》（臭い草の名）の、香林に臭《くさ》きが如く、魚目の、清玉に濫《らん》ずるに似たり。（中略）誠に願わくはしばらく心を一処に制して罪業を懺悔せん。謹んで暇《ひま》を請《こ》う」

と。これに対して最澄は、温情のあふれる書簡を送り、

「若《も》し懺悔《さんげ》のことあらば具《つぶ》さに弊僧《へいそう》に告げよ。丈夫は衆口の煩《わずら》わしきを厭《きろ》うて法船を棄捨《きしゃ》せんや」

と慰留《いりゅう》している。

弘仁三年十一月、高雄の金剛界潅頂には、十一月五日及び七日の二通の書状を書いて、最澄は泰範を誘っているが泰範は参加せず、また潅頂当日の十五日には、最澄より泰範宛に米五斛《こく》ばかりを至急に持参してもらいたいという依頼状を出している。十二月十四日の胎蔵界潅頂には最澄とともに泰範も受法し、泰範と空海とはじめて知り合うことになる。十二月二十三日には最澄から泰範に書簡を送り、法華の儀軌《ぎき》はあなたに依頼するから、どうかこれを学んで弟子たちに伝えてもらいたい、と望んでいる。翌弘仁四年一月には、最澄が比叡山に帰らねばならず、泰範等に、代りに空海のもとで真言密教を学ばせることにし、自分が今まで高雄山寺で使用していた厨《ず》子《し》を泰範に与えている。泰範はこれ以後、空海について学び、弘仁四年三月六日には、円澄等と共に金剛界潅頂を受け、次第に密教に傾いていくのである。

同じく弘仁四年の六月十九日付で、最澄は泰範に書簡を送り、天台の法門である『止観弘決《しかんぐけつ》』を後進の者に伝えたいから返し給え、という旨を述べている。その文中に曰く、

「我が断金の善友（泰範を指す）は、既に聞恵《もんえ》を越えて今は修恵《しゅえ》に進めり。彼《か》の件《くだん》の書は公《こう》に於《お》いて用無し。我が宗（天台宗）に於ては深要の者なり。此の理を照悉《しょうしつ》して旋《めぐ》らして老僧に還されよ。至志《しいし》に任《た》えず。（中略）棄《す》てられし老同法最澄状上

高雄、範念誦瑜伽　座前謹空」

と。密教に傾倒していく泰範の中に最澄は、天台宗を離れていく姿を見たのであろう。次いで十一月二十五日、すでに述べたように、また泰範に書簡を送って「久しく清音《せいおん》を隔《へだ》つ、馳恋《ちれん》極まり無し」と記し、空海が自分の中寿を記念して撰《せん》した『一百二十礼仏並びに方円図』等の内容を問い合わせているのである。こうした過程を経て、弘仁七年に、問題の書簡が書かれたのである。

○最澄の泰範宛書簡

弘仁七年五月一日、最澄は泰範にあてて書簡を送り、共に天台宗を弘めようと勧めている。

「示す所（泰範の書簡を指す）の衆意、已《すで》に大乗を引く。亦《ま》た随喜《ずいき》す。心劣《おと》り筆何ぞ尽くさん。信法二行（信行とは信受して覚る者、法行とは理解して覚る者）其の事空《むな》しからず。願わくは悉地《しつじ》を証するの日に本願を忘れずして必ず先ず此の老釈《ろうしゃく》（最澄自身を指す）を吸引せよ。此の卑禿《ひたい》（最

澄を指す）は風中の小燈のみ。自《みずか》ら照らすこと能《あた》わず。何ぞ他の暗を除かん。但《た》だ此《こ》の道（天台宗）未だ弘まらず、己《おの》が機《き》未だ熟さず。風塵《ふうじん》に随《したが》いて東西し、妄想に任せて進退す。空しく此の身を過して悉地《しっち》を得ざることを嗟《なげ》く。過去の業とやせん、現在の倦《うみ》とやせん。然《しか》るに一つの短懐《たんかい》（泰範の書簡を指す）を示され、多くの深旨《じんし》を悟る。同法の義已《すで》に足りぬ、未来の被済《ひさい》（済《すく》われること）豈《あ》に疑心を致さんや。遠身（距《へだた》り住す）の同志、何人をか友とせざらん。最澄、何の幸《しあわせ》あってか此の深誨を蒙《こうむ》る。歓躍《かんやく》の至りに任《た》えず。頂礼、頂礼、稽首和南す。

一疑《いちぎ》あり〔華厳法句有数他識等。試禍徳迦葉有多聞一歩勧〕弱心に弁《べん》じ難《がた》く、岐路《きろ》に踟蹰《ちちゅう》（うずくまる）す。然《しか》りといえども暫《しばら》く此彼《しひ》に進まずして生死の中に水中の月を愛す。怪しむ莫《なか》れ怪しむ莫れ、無畏《むい》の庭（覚りの境界）に相見《あいまみ》えん。具《つぶ》さに流連の状を陳《の》ぶ。

老僧最澄、生年《しょうねん》五十、生涯久しからず。住持未《いま》だ定《さだ》まらず。同法各々見るに六和すべて無し。独《ひと》り一乗（天台宗を指す）を荷《にな》いて俗間に流連す。但《た》だ恨《うら》むらくは別居の闍梨《じゃり》（泰範を指す）往年の期する所は法の為めに身を忘れ、発心して法を資《たす》くることなり。已に年分《ねんぶん》を建《た》て（天台宗の年分度者になっている）亦《ま》た長講（法華八講か）を興《おこ》す。闍梨（泰範を指す）の功をば片時《かたとき》にも忘れず。又、高雄の潅頂には、志を同じくして道を求め、倶《とも》に仏慧《ぶつえ》を期す。何ぞ図《はか》らん、闍梨、永く本願に背《そむ》いて久しく別処に住せんとは。蓋《けだ》し劣を棄てて勝を取るは世上の常の理《ことわり》なり。然《しか》れども法華一乗（天台宗）と真言一乗と何ぞ優劣あらんや。同法同恋、これを善友と謂《い》う。我と公《こう》（あなた）と此《こ》の生《しょう》に縁を結びて弥勒《みろく》に見《まみ》えんことを待つ。もし深縁あらば倶《とも》に生死に住して同じく群生《ぐんじょう》（一切衆生）を負《お》わん。来春の節を以て東遊して頭陀《ずだ》（乞食行《こつじきぎょう》をする）し、次第に南遊し、更に西遊北遊して永く叡山に入りて生涯を待ち、去来すること何《いか》ん。日本を廻遊して同じく徳本を植え、譏誉《きよ》を顧《かえり》みずして本意を遂《と》げんこと、此れ深く望む所なり。謹《つつし》んで便信に附して奉状す。不宣、謹んで状す。

弘仁七年五月一日　小釈最澄状上

範闍梨座前

茶十斤以《もっ》て遠志を表わす。謹空。」

最澄の泰範に対する温情が切々と胸を打つ。来春から一緒に日本を遍歴して、世間の機誉《きよ》を顧《かえり》みずに、正法の弘通《ぐずう》にはげもうではないか、という最澄の澄み切った心境を述べているのである。

○泰範のための返信

しかし、顕教としての法華宗と真言密教とが同時に究竟《くきょう》の法門である、という立場は、空海とその教えを学んでいる泰範等にとっては考えられないことであった。「泰範のために叡山の澄《ちょう》和尚の啓《けい》に答うる書」は、右の書簡に対する返書であるが、泰範に代って空海が筆を執《と》っている

のである。曰く、

「泰範言《もう》す。伏して今月一日の誨《おしえ》を奉《たてまつ》って、一《ひと》たびは悚《おのの》き一たびは慰《なぐさ》む。兼ねて十茶を貺《おく》ることを蒙《こうむ》る、喜荷するに地《ところ》無し。仲夏陰熱す。伏して惟《おもんみ》れば和尚法体如何《いか》ん。此《ここ》に泰範恩を蒙《こうむ》って今月九日に馬州（但馬国《たじまのくに》）より還る便りに（途中で）乙訓寺《おとくにじ》を過《よぎ》る。即ち北院に遊化することを承《うけたまわ》り、便《すなわ》ち就《つ》いて謁《えっ》せんと擬するに、客中の煩砕《はんさい》に縁《あ》って志願を遂《と》げず。悚息《そそく》何ぞ言わん。故怠《こたい》（故意に怠けた）に非《あら》ざるを恕《おもん》ばからば幸甚《こうじん》なり、幸甚なり。

告《つげ》の中に云《い》う、共に生死に住して衆生を負荷《ふか》し、同じく四方に遊んで天台宗を宣揚せんといえり。伏して慈約を奉るに喜躍喩《たと》え難し。若《も》し龍尾《りゅうび》に附して以て名を掲げ、鳳翼《ほうよく》に寄りて以て行いを顕《あら》わさば、蚊蝄《ぶんもう》の質にして労せずして雲漢を凌《しの》ぎ（蚊のような無力なものが、鳳の翼につかまって天に昇るような）無筋《むきん》の蝖《けん》にして功無くして清泉を飲まん（みみずのようなものが龍の尾にくっついて仙宮に行き、仙人の飲む泉で水を飲めるような）。鄙陋《ひろう》（何もできない私）の望み此《ここ》に於て足りぬ。何ぞ更に加えん。珍重なり珍重なり。

又曰《いわ》く、法華一乗と真言一乗と何の優劣《ゆうれつ》か有らん、といえり。泰範、知《ち》は菽麦《しゅくばく》に昧《くら》く（豆と麦の区別もつかないほど愚か）何ぞ玉石《ぎょくせき》を弁ぜん。敢《あえ》て高問に当って深く以て悚息《しょうそく》すれども雷音（最澄師のおことば）忍び難《がと》うして敢《あえ》て管見《かんけん》を陳《の》べん。夫《そ》れ如来大師（仏陀、ここでは特に大日如来）は機に随って薬《やく》を投げたもう。性欲《しょうよく》（人間の性質、欲望）千殊《せんじゅ》なれば薬種《やくしゅ》も万差《まんじゃ》なり。大小（大乗小乗）鑣《くつばみ》を並べ、一三（一乗三乗）轍《わだち》を争う。権実《ごんじつ》（権は方便の教え、実は真実の教え）別《わか》ち難く、顕密濫易《けんみつみだりやす》し（顕教と密教も気をつけぬと区別がつかなくなる）。知音《ちおん》（音を聞きわける能力のある者）に非《あら》ずよりんば、誰《たれ》か能《よ》くこれを分《わか》たん。然《しか》りと雖《いえど》も、法応《ほうおう》の仏（法身仏と応身仏）は差なきことを得ず。顕密の教《おしえ》何ぞ浅深《せんじん》無からん。法智《ほうち》の両仏《りょうぶつ》（法仏と智仏、前者は密教の教主、後者は顕教の教主）、自他の二受（自受用身《じじゅゆうしん》と他受《たじゅ》用身、前者は密教の教主、後者は顕教の教主）顕密説を異《こと》にし権《ごん》実隔《じっへだ》てあり。所以に真言の醍醐《だいご》に耽執《ちんじゅう》して未だ随他《ずいた》の薬（随他意の教え、顕教）を噉嘗《なんしょう》するに遑《いとま》あらず。又、自行（菩提を求めること）に則あり。化他《けた》（衆生の救済）に位《くらい》あり。澄瑩《ちょうえい》して物に応ずること、時にあらずんば能《あた》わず。泰範未だ六浄除蓋《じょがい》（六浄とは六浄位で六根清浄の位、顕教ではここから衆生済度の行ができる。除蓋とは除一切蓋障三昧《じょいっさいがいしょうざんまい》、密教ではこの位から利他行ができる）の位に逮《いた》らず。誰《たれ》かよく出仮利物《しゅっけりもつ》（自利円満して利他の活動に出る）の行に堪えん。利他のことは悉《ことごと》く大師（最澄師）に譲《ゆず》りたてまつる。伏《ふ》して乞《こ》う、寛恕《かんじょ》を垂《た》るれば弟子が深き幸《さいわい》なり。

前《さき》に期《ご》せん所は、天台一乗を建て崇《あが》めんことなり。今は則《すなわ》ち諸仏加護し国主《こくしゅ》（天皇）欽仰《きんぎょう》す。百官崇重《すうちょう》し四部耽翫《しぶたんがん》す（出家在家のすべてが熱心に学ぶ）。四海同じく仰ぎ、三千の達者あり。先の願いすでに足りぬ。踊躍踊躍《ゆうやくゆうやく》、珍重《ちんちょう》なり珍重なり。泰範、自行未《じぎょういま》だ立《りつ》せずして日夕に劬労《くろう》す。若《も》し狂執《きょうしゅう》を責めずんば、弟子が望み足りなん。身は山林に避くるとも丹誠《たんせい》何ぞ忘れん。謹ん

で某甲《それがし》に因って状を奉《たてまつ》る。不宣、弟子泰範和南す。」

これ以後、泰範は空海のもとで高野山の開創を手伝い、後には東寺の定額僧《じょうがくそう》の筆頭に置かれるのである。但し泰範の後半生について、真言宗の僧侶として生涯を終えたとする説の他に、彼は再び叡山に帰って名を光定《こうじょう》と改めて、天台宗の興隆に務めたとする説がある。（加藤精神、『大日如来の研究』参照）

○その後の最澄について

最澄はこの後、本来の使命である天台宗の確立のために多忙な日々を過し、空海もまた真言密教の弘通の道を歩み、二人は親しく文通する機会もなく過している。また最澄は、この弘仁七年に、すでに先年（弘仁四年）著作していた『依憑天台集《えひょうてんだいしゅう》』に新しく序文をつけて要旨《ようし》を一層明確にしているのであるが、その中で次のように述べている。

「天台の伝法は諸宗の明鏡《めいきょう》なり。陣隋《じんずい》より以降、興唐《こうとう》より已前《いぜん》には、人（天台大師、智顗《ちぎ》）をば則ち歴代称して大師となし、法（天台の法門）をば則ち諸宗もって証拠となす」

と書きはじめ、

「海外《かいげ》の内学《ないがく》（仏教）は但《た》だ吠音《ぼうおん》の労（声を大にして論ずること）あれども未だ少知《しょうち》の曲（謙虚に反省してみること）を解《げ》せず。新来の真言家《しんごんけ》は則ち筆授《ひつじゅ》の相承《そうじょう》を泯《みん》じ（認めない）、旧到《きゅうとう》の華厳家は則ち影響の軌模《きぼ》（天台宗の影響を受けている事情）を隠す。沈空《じんくう》の（空《くう》に沈滞している）三論家は、弾呵《だんか》の屈耻《くっし》（天台の立場からすれば般若は弾呵の教えに過ぎない。弾呵とは人をしかること）を忘れて称《しょう》心《しん》の心酔《しんすい》を覆い、著有《じゃくう》（仮有《けう》に執着《しゅうじゃく》する）の法相宗は濮陽《ばくよう》（沙門智周）の帰依せしことを非《はい》して青龍《せいりゅう》（新法相宗沙門良賁《りょうび》を指す）の判経あると撥す」

と。以後、最澄は権実《ごんじつ》の問題及び戒壇建立の問題で奈良の法相宗や華厳宗の人々と論争を展開しはじめるのである。

以上この項では、空海と最澄、そして泰範をまじえた道交について原文の書き下しを主にして、実際を紹介してきたが、これらの書簡によって我々は、空海がなぜ厳然たる態度で最澄の『理趣釈経』請借《せいしゃく》を断ったのか、その空海の気持を最澄は十分に理解できていないこと、さらに泰範が自《みず》ら叡山を降り、密教への興味から自分で空海のもとで学ぶことを決断したことなどのいきさつが読めた、と思う。巷間《こうかん》、空海と最澄とが仲違《なかたが》いしたとか私情をもって争ったとか、泰範を取り合ったとか伝えられるのは、誤りであることを確認しておきたい。

○この項のむすび

空海と最澄とは新しい時代の新しい仏教の指導者であり、僧侶という点では同じである。しかしその目指したもの、目指しかたが異っていたことは当然である。天台宗と真言宗での密教の扱いかたが異るのである。最澄は、かつて中国の隋の時代に『法華経』という大乗経典を中心にすえて思想宗教の統合をはかった智顗（天台大師）の教学を学び、さらにその後に興ってきた華厳宗や真言密教を加えて体系を作ろうとした。だから最澄にとって密教は、天台と同等のものかあるいは天台の一部門にすぎないのであり、これも当然なのである。

これに対して空海は、密教を中心にすえて思想宗教の統合をはかっているから、天台の教えは密教に至るための一過程であり天台は密教の一部にすぎないのである。要するに最澄、空海の二人は、同じく密教を扱いながら価値の置きかたが違っているのである。これらの違いは違いとしてこの二人が、常に自分の願いと使命を忘れずに持ちつづけながら菩薩の大道を歩き、平安初期という新しい時代に、なんとかして時代の課題を解決しようとしたひたむきな努力は、そのまま日本の仏教にも新風を呼び込み、それ以後のわが国の人々の精神構造に大きな影響を与えているのである。

中国西安市・青龍寺〈恵果・空海紀念堂〉

七、高野山の開創と権実《ごんじつ》の論争

空海は四十歳を過ぎて本格的に真言密教を弘めるための努力をはじめる。それまでは自分の弟子の養成と自身の修行に全力を注《そそ》いでいたが、このころから経典の書写《しょしゃ》を友人たちに依頼したり多くの人々に法を説いたり注釈書を書いており、弘仁七年（八一六）には、密教修行の道場として高野山を賜りたい旨《むね》の上表文を朝廷に上進した。高野山を選んだ理由は、空海によれば、少年の頃から山野を歩きまわっていたのでその地形がすばらしいことを知っていたこと、そして、かつて入唐《にっとう》の際に、自分が無事に帰国できた場合、必ず修行の道場を作りたいとすでに誓いを立てていたこと、の二点である。

この上表から間もなく許可がおりて、空海は実慧《じちえ》、泰範《たいはん》などをまず高野山に登らせ、開創の下準備をさせ、自分も来年の秋にはでかけようと述べている。この調査と準備は二年ほどかかり、三年目の弘仁九年（八一八）の冬を空海は高野山上で過し、弘仁十年の夏からいよいよ建築が始まる。多忙の合間《あいま》を生かして空海は高野山上で、文章論、詩論に関する名著といわれる『文鏡《ぶんきょう》秘府論《ひふろん》』六巻を著した。これが大部なために要略し、翌年には『文筆眼心抄《ぶんぴつがんしんしょう》』一巻を著した。この内容については後述するが、空海は文章に高い価値を置いており、格調高い文章を書くことによって人間の心も高まり、それによってまたさらに高い文章が書ける、という具合に、人生と文章の深い結びつきを述べている。

山上での空海の生活は「閑静《かんせい》を貪《むさぼ》らんがため暫《しばら》くこの南山《なんざん》に移住し（中略）三時に持念して事《こと》毎《ごと》に福を廻《めぐ》らす」ものであった。（筑前の王太守宛の書簡より。南山とは京都の南で高野山のこと、三時とは朝昼晩つまり一日中のこと）

丁度その頃、新羅《しらぎ》の道教僧（道士）が空海を訪ねて高野山に登ってきた。中国留学中に空海は多くの人々から温く迎えられ、教えを受け帰国したわけで、多くの外国人と親交を持っていた。帰国後も外国人が京都に来ればただちに使いをやって連絡をとり、なにくれと世話をしており、空海はそうした意味で当時の国際的文化人であった。新羅の道者の来訪も、おそらく空海のほうから招待したのであろう、と思う。この時に空海が作った詩一首が『経国集《けいこくしゅう》』に載ってるのであげておこう。

吾住此山不記春（吾れ此の山に住して春を記せず）
空観雲日不見人（空しく雲日を観《み》て人を見ず）

新羅道者幽尋意（新羅の道者、幽尋《ゆうじん》の意《こころ》）
持錫飛来恰似神（錫《しゃく》を持して飛《じ》び来《きた》る　恰《あたか》も神《かみ》に似《に》たり）

このほかに米や油を贈ってくれた人に宛てた次のような礼状もある。おそらく孫を弟子として教育してもらいたい、と依頼されたのであろう。

「貧道（私）黙念《もくねん》（ひとり黙って思いをこらす）**せんがために去月《きょげつ》十六日この峯《みね》に来住す。山高く、雪深くして人迹《じんせき》通じ難し。限るにこの事《じ》**（黙念すること）**をもってし、久しく消息を奉《ほう》ぜず。悚息《しょうそく》何ぞ言わん**（すっかり御無沙汰して申しわけありません）。**米、油等の物を恵むことを辱《かたじけ》のうし、一《ひと》たびは喜び一たびは躍《おど》る。雪深し、伏して惟《おもんみ》れば動止《どうし》いかん**（そちらはお元気ですか）。**命ずるところの孫児《そんじ》は、春を待って交々来《こもごもきた》れ。穏便《おんびん》、謹《つつし》んで還《かえ》るに因《よ》る**（使者の還るのに托《たく》します）**」**。

さて、弘仁十年（八一九）から十三年まで、平安初期のわが国の仏教界は、天台宗を主張する最澄と、法相宗、三論宗等を主張する奈良の諸宗との間でたたかわされた活発な論争で大きくゆれ動いた。最澄は法相宗などを権教《ごんきょう》（劣った教え）とし、天台宗を真実の教えとするいわゆる権実《ごんじつ》の問題で、奈良の勢力を敵にまわして争った。それに続いて戒壇建立《かいだんこんりゅう》の問題が起った。これも最澄の主張で、それまでの奈良の宗派の戒律は、鑑真和上《がんじんわじょう》からの伝統で小乗戒を中心としていたが、天台宗は大乗仏教だから、別に比叡山の上に大乗戒壇を建立して、東大寺の戒壇にのぼらなくとも、比叡山の上で正式な受戒ができるように、と考えたのである。つまり天台の仏教を奈良仏教から切り離すことをねらったのである。そしてこの問題は弘仁十三年六月、最澄が入滅して七日目に比叡山に大乗戒壇の建立が許可され、終ったのである。

また、権実の問題も、真言密教の立場に立つ空海にとっては全くかかわりの無いことであった。天台が一乗で真実、法相三論を三乗で権教とする問題も、空海にとっては、どの教理も宗派もそれぞれ有用なのであって、それらすべては密教に至る過程にすぎないからである。また、戒律の問題についても空海の場合、弟子に対して、先ず小乗戒（具足戒《ぐそくかい》）を受けさせて国家の認定する僧侶にさせ、その上で自らの手で仏性三昧耶戒《ぶっしょうさんまやかい》という密教独自の戒を授けて真言宗の僧侶とする二段がまえであるから、奈良の諸宗を否定する必要は全くないのである。

なお平城天皇は四年で退位して上皇となっていたが、弘仁十三年、空海から潅頂の儀式を受けて真言の僧侶となった。皇位を継承した人々の中で初めての事でもあり、空海はこの潅頂に臨んで、『平城天皇潅頂文《へいぜいてんのうかんじょうもん》』という一文を著わしているが、名文家のほまれ高い空海が特に格調高く作文していることが感じられる。（『性霊集』所収）なおこの文中の一部が、密教の戒律についてまとめて論じてあるためか、のちに後学の弟子達の教材として『三昧耶戒序』と名づけて独立して扱われている。

さて空海の名声はこの頃にはかなり高くなってきており、空海もその期待に大いに答えて活躍している。

八、『綜藝種智院式《しゅげいしゅちいんしき》并《ならび》に序《じょ》』
――千二百年前の教育論

弘仁十三年（八二二）六月、平安初期の思想宗教界の一方の雄《ゆう》であった最澄（伝教大師）が五十六歳で入滅した。いまや新しい文化の担い手は、空海一人になってしまった。すでに述べたように、平城上皇は空海について受戒・潅頂を受け、指導者、知識人たちは空海の学問・思想・芸術を慕い、人々は広くその功績をたたえた。奈良の高僧たちも空海にしたがってしばしば密教を受法し、天台の僧侶たちも、最澄の遺志にしたがって真言密教を学んでいる。空海は一世《いっせい》の師《し》表《ひょう》として各界から仰がれていた。

弘仁十四年一月、嵯峨天皇は京都の東寺（教王護国寺《きょうおうごこくじ》）を真言密教の根本道場として空海に下賜《かし》された。天皇は四月に退位し、異母弟の淳和《じゅんな》天皇が即位し、自身は嵯峨《さが》に隠棲した。この年、空海は五十歳を迎えた。これから天長九年、高野山に隠棲するまでの間は、空海の円熟期であり、多くの社会活動を行ない、少僧都《しょうそうず》に任ぜられ、やがて大僧都となり、僧侶としての公職に就いて国家のために尽力し、仏教界を指導した。またわが国の文化の発展に貢献し、自己の真価を遺《い》憾《かん》なく発揮したのである。思い起こせば青年時代、不忠、不孝と非難されながら大学を中退して仏道修行の道をとり、将来必ずや、大忠大孝《だいちゅうだいこう》をもって恩をかえそうという誓いを立てたのであったが、その願いをまさにこの時代に実現させたといえるであろう。愛弟子《まなでし》智泉《ちせん》に病没されたり、自身の体調不良など、いろいろな苦悩に見舞われたけれども、空海は次々と大きな願いを実現している。その一つが天長五年（八二八）に開創した庶民教育の学校、綜藝種智院《しゅげいしゅちいん》であった。

当時の文化の担い手は、僧侶と官吏《かんり》とであったが、僧侶は仏教経論の研究を中心としていて一般世間の学問から離れ、一方官吏になるものは儒教を学ぶことにいそがしく、仏典などを読むことはしなかった。しかしこうした状態は、すべてのものの中に真実を見出だそうとする空海には、看過《みすご》すことができなかった。天長五年十二月十五日付で著した『綜藝種智院式并《ならび》に序《じょ》』（『性霊集』所収）はその設立の動機、及び教育についての空海の心を探るに適切な文章である。

先ず開校の動機についてまとめてみよう。

第一に、この文中に、

「貧道《ひんどう》、物を済《すく》うに意《こころ》あって、ひそかに三教《さんごう》の院を置かんことを庶幾《こいねが》う」

とあり、空海は出家以来、衆生救済の志から儒教、道教、仏教を学べる学校を設立したいと願っていたことがわかる。特に空海の場合は、青年時代に誓った大忠大孝の実現が生涯を通じて心に秘められていた筈である。だれでもが自由に学びたいものを学べる庶民のための学校を作ることは、日本文化の発展に大いに貢献することであり、大忠大孝の道である。

第二の動機として考えられるのは、空海がかつて入学した大学の体験から、身分の低いしかも経済的に困っている家庭の子弟が勉強を続ける困難さである。すでに『三教指帰』で触れたが、空海は、出家の念やみがたい反面で、禄《ろく》を待つ両親や親戚に経済的援助のできない苦悩におそわれ、「進退谷《きわ》まった」とまで述べている。綜藝種智院の完全給費制度も、学校開設の重要な目的の一つであったと思う。空海が中国留学中に、見聞した様子の中で、感銘を受けたこととして『式并に序』の文中に、

「唐では坊ごとに学校を作って広く教育していますし、各県でも地方ごとに学校を作っているために、学識ある人々が輩出し、芸術的にも美術的にも能力のある人々があふれています。それに比べてわが国では都にただ一つの大学があるだけで、町々に学校があるわけではありません。貧しい者や、身分の低い家の子弟は、学ぶところが無いのです。また、都から遠い人は通学することなどできないのです」

とある。こういう自身の体験も開校の動機になっていると思う。

以上のような信念から開設した綜藝種智院は、誰でもが自由に学びたいものを学べる、また専門以外のことも学び、視野の広い人物を養成する、そして完全給費制という、まるで現代の教育基本法と同様な趣旨が盛られていることにおどろかされる。これを現代のことばに置きかえれば、空海の教育の目標は、

イ、教育の機会均等

ロ、学問の自由

ハ、総合教育

ニ、完全給費制

という具合で、空海の念《おも》いは、教育に関しても、時代を超えて妥当する内容を持っていることがわかる。そしてこの『式弁に序』は、空海の教育による立国《りっこく》の信念が明確に打ち出されていると考えられ、文の結びとして、学校を経営するには四つの条件が揃う必要があるといい、その四つとは、善き処《ところ》、善き法《おしえ》、善き師、そして衣食の資《たすけ》である、という。この綜藝種智院の開設は、わが国の教育史上に重要な意義を持っているのである。

九、『秘《ひ》密《みつ》曼《まん》荼《だ》羅《ら》十《じゆう》住《じゆう》心《しん》論《ろん》』と『秘《ひ》蔵《ぞう》宝《ほう》鑰《やく》』の関係

天長七年（空海五十七歳）淳和《じゆんな》天皇は勅《ちよく》を下し、仏教各宗の宗義の綱要を撰進せよと命じる。そこで律宗の豊安は『戒律伝来記』三巻（うち二巻現存）を撰《せん》し、法相宗の護命《ごみよう》は『大乗法相研神章《けんじんしよう》』六巻（現存）を叙《じよ》し、天台宗の義真は『天台法華宗義集』一巻（現存）を著し、華厳宗の普機《ふき》は『華厳宗一乗開心論』六巻（うち一巻のみ現存）を著す。空海はこの時に、かねて完成していた『秘密曼荼羅十住心論《ひみつまんだらじゆうじゆうしんろん》』十巻に序文を加え、資料篇とし、あわせてこれをもとにして『秘蔵宝鑰《ひぞうほうやく》』三巻を著し、両書を共に上進したのである。『十住心論』は資料編として台にして、その上に著者名入りの『宝鑰』を乗せたのである。『宝鑰』の文中に、四ヶ所『十住心論』の名前が引かれ、くわしくは『十住心論』を御参照下さい、と朝廷に対して述べているのだから両書が一緒にそろっていなければならない筈である。諸宗の碩学《せきがく》はこれを見て声を呑み、顕教の陣営はこれによって旗靡《はたなび》いたのであった。これを機として、南都の諸宗に対する平安仏教の優位は、理論的に確認されたのであり、奈良朝以来、中国、インドの諸思想を十分に呑み込んだわが国の

思想界は、新しい秩序のもとに統一の方向に進み、これ以後のわが国の思想、宗教、文化は、密教を基調として展開していくことになる。

さて、『秘密曼荼羅十住心論』（以下『十住心論』と略す）と『秘蔵宝鑰』（以下『宝鑰』と略す）とはいずれも空海思想の骨格を示す代表的な著作であり、この両書ともいずれも天皇の勅を奉じて上進されたものであることは、それぞれの序文で空海自身が述べているところである。しかしこの二つの作品には、製作の年月が書かれていないし、二著作の関係についても空海は何も述べていないので、古来からいろいろな憶測がなされている。ここで筆者はこれまでほとんど定説になっている説を再検討して私見を述べてみたい。

◇

初めに『宝鑰』の成立年代については、天長七年に淳和天皇の勅を奉じて、いわゆる天長の六本宗書の一つとして真言宗を代表してこれを著したものとする点で諸説はおおむね一致している。『宝鑰』に関する最古の注釈書と思われる仁和寺済暹《さいせん》の『秘蔵宝鑰顕実鈔《けんじつしょう》』の説がそれであり、六本宗書の他の著作と一致している事実から推して、我々もこれを承認してよいと思う。

次に『十住心論』の成立年代については、大体三説に分かれている。

第一は嵯峨天皇の勅を奉じて弘仁《こうにん》年間に作られたとする説で、覚鑁《かくばん》（後に興教《こうぎょう》大師、一〇九五～一一四三）の『打聞集《うちぎきしゅう》』に見える。

第二は嵯峨天皇の勅を受けて造り、上進したのは淳和天皇の天長年間だとする説で、十四世紀室町時代の政祝《せいしゅく》の『秘蔵宝鑰私記』に見える。

第三は、詔勅が下ったのも上進も、ともに天長年中とする説であり、これは済暹の『顕実鈔《けんじつしょう》』、鎌倉時代の道範《どうはん》の『問談鈔《もんだんしょう》』、頼瑜《らいゆ》の『衆毛鈔《しゅもうしょう》』、『宝鑰勘註《ほうやくかんちゅう》』等に見られ、江戸時代になって運敞《うんしょう》の『宝鑰纂解《さんげ》』、戒定《かいじょう》の『宝鑰懸談《けんだん》』などに引き継がれている。現在ではこの説が通説になっており、それらによると天長年間に各宗の宗要書を提出せよとの勅を受けて空海は先ず『十住心論』を提出したが、文章が広博のため簡略にせよとの再度の勅により、あらためて『宝鑰』を著わして提出した、というのである。詳しくは別稿の論文を参照されたいが、この第三説の中で、再度の勅を受けて書きなおして『宝鑰』を提出した、とするのは、前記道範の『問談鈔』あたりではじめて出てくるのであって、それ以前のどの他師の著作にも見えないのである。そしてこれは、空海入定後約四百年もたっているのである。

道範とほとんど同時代の頼瑜（一二二六～一三〇四）は『宝鑰勘註』で、各宗に宗要書を提出せよとの勅は嵯峨天皇が出したのだとしながらも、「真言には『十住心論』十巻、遍照金剛《へんじょうこんごう》（空海の号）の撰なり。爰《ここ》に『十住心論』の文、広博なり。簡略にこれを撰進すべき由《よし》、重ねて宣下せらる。すなわち『宝鑰』を撰進す。云々」とある。しかしこれが後になると「十住心論は余りに大部すぎるので」という解釈に置きかえられているようである。しかし天長の六本宗書の中には、『三論大義鈔』四巻（大正蔵経で五十五頁）、『法相研神章《ほっそうけんじんしょう》』五巻（大正蔵経で四十八頁）のように『十住心論』十巻（大正蔵経で六十頁）と大差ない分量であり、『十住心論』だけが余りに大部、というのは当らないように思われる。

さらに通説のようにいわれている「勅を受けて先ず『十住心論』を提出した」という点にも納得できないものがある。『十住心論』と『宝鑰』を読みくらべてみれば明らかなことであるが、この二つの書物はおのずから製作の目的が違っているのであり、真言宗の綱要を述べるためのものは『宝鑰』なのである。『宝論』の内容は後に述べるが、わずかな紙数の中で、十住心の思想を簡潔明快に示しており、これこそ真言宗の大綱を上進するにふさわしい作品といえるのである。これに比べて『十住心論』の方は、きわめて長い引用文を引いて広く構成されており、空海ほどの人物が自己の宗義を端的に述べるための目的で著作したとは、到底考えられないのである。

では、『十住心論』は一体いかなる目的で著作されたのであろう。一読すればおおよその予測はつくが、空海は、この世の人間、その思想、宗教はもとよりそれをとりまく森羅万象《しんらばんしょう》のすべてが、『大日経』（胎蔵法マンダラ）と『金剛頂経』（金剛界マンダラ）の中にそれぞれ含まれ尽くしていること、そしてそれらすべては、マンダラの中央に位置する大日如来によって摂《せっ》しつくされていることを主張しているのだと思う。これが空海の世界観であり密教の基本である。それは竜樹菩薩が般若思想を摂して『大智度論《だいちどろん》』を著わし、無著《むじゃく》菩薩が大乗の立場を摂して『摂《しょう》大乗論』を撰し、世親《せしん》菩薩が阿毘達磨《あびだるま》を摂して『阿毘達磨倶舎論』を制作したのと、その立場こそ違え、基本的構想において共通なものがあるように思える。すなわち、空海が、曼荼羅を活用してすべての価値を統合しようとしたところに、『十住心論』の意図があったのである。

平安初期という、思想、宗教の乱立する激動の時代に青年期を迎えた空海は、多様な思想、宗教の相互の反目《はんもく》を避けつつ、万人《ばんにん》に共通の高い価値の実在を求め続けたのである。『十住心論』も『宝鑰』も共に空海の構築した十住心思想を述べたものではあるが、『十住心論』は曼荼羅の広がりを種々の経論の文を引用し、そのすべてが両部の経典のどこに相当するかを証明する、いわば最も基本的な資料篇なのであり、『宝鑰』はその資料に基づいて、すべては大日の一部に過ぎないことを証明している。

さらに空海においては、概略十種の住心だけがあるのではない。無数の人間の生きかたを仮《か》りに十種に分けているにすぎない。空海が序文で自ら述べているように、

「住心《じゅうしん》は無量なりといえども、しばらく十綱《じっこう》を挙げてこれに衆毛《しゅもう》を摂《せっ》す」

なのである。十住心に代表される世のすべての人間模様と、それをとりまく一切の環境にいたる

まで、両部のマンダラにおさまり尽くす、というのが空海の把握《はあく》なのである。題名を単に『十住心論』とせずに、特に『秘密曼荼羅』と附したゆえんもまさにこの点にあると思う。

さらに附言すれば、『十住心論』のいかなる写本にも著者名が無いことも注目すべきである。『宝鑰』には「沙門遍照金剛撰」と明記されているのに、『十住心論』にはそれが無い。空海の著作には著者名の無いものは他にも多いのであるが、天皇の勅に答えて撰進したものならば、著者名が無いのは考えられないことである。先に触れた天長の六本宗書で他宗の作品には、著者名はすべて明記されている。これから考えても空海は、真言宗の綱要書として『宝鑰』を著者名を記して提出し、すでにその前に完成していた『十住心論』を資料篇として『宝鑰』の下（台）にして提出したと推測できるのである。著者名は、後世の弟子が誤って書き落したのでは、という疑問も可能であるが、文章の字句の誤写ならばともかく、著者名を落すことは不自然であり真言宗の弟子が師の空海の名を落すことなど決してあり得ることではない。

最後に、空海の著作について、なぜこうした誤解が生じたのかを考えてみると、おそらく空海の『文筆眼心抄《ぶんぴつがんしんしょう》』の記述によるのではなかろうかと思う。その序文で空海はこう述べている。

「余、禅観《ぜんかん》の余暇に乗じて諸々の格式《きゃくしき》等を勘《かんがみ》て文鏡秘府論《ぶんきょうひふろん》六巻を撰《せん》す。要《よう》にしてまた玄《げん》なりといえども披誦《ひじゅ》するに稍《やや》記し難し。いま更にその要の口上に含する者を抄《しょう》して一軸《いちじく》の挂鏡と

なす。文の眼、筆の心と謂《い》いつべし」

と。これで知れるように『文筆眼心抄』はまさしく『文鏡秘府論』の梗要書《こうようしょ》である。後世この関係を模《も》して『十住心論』と『宝鑰』の関係にそのままあてはめてしまったのではないだろうか。このほかにも空海は著作の中で処々《しょしょ》に自作の頌《じゅ》を示して趣旨を簡潔にまとめたり、あるいは『般若心経秘鍵』にも、

「余、童を教《おし》うるのついでに聊《いささ》か綱要を撮《と》って彼《か》の五分《ごぶん》を釈す」

などとあり、こうした空海の傾向をそのまま二つの著作の関係に模したとも考えられる。なおここでさらに一言附記《いちごんふき》しておくが、淳和天皇の勅による六本宗書のそもそもの発案者は、空海ではなかったのか、という推論である。朝廷で大乗諸宗の宗義を提出させる必要があったとは思えないし、もし提出されてもそれを読んで理解できる人は少ないであろう。それらを判断できるのは学問僧だけであろう。大乗仏教諸宗の宗義を提出させて、その宗派の代表の手で明確に自宗を主張させておくことが最も必要だったのは、空海ではなかろうか。空海自身はすでに大乗諸宗について十分に理解した上で『十住心論』を著作し、他の宗義の一切を統合した密教という

体系を構築している。その上で各宗に綱要書を出させ、自身も『宝鑰《ほうやく》』をまとめることで、十住心思想は、いやが上にもその優位が明確になるであろう。このぐらいのことは、当時の仏教界の空海の立場なら十分に考えられることである。

十、『性霊集《しょうりょうしゅう》』の序文について

『遍照《へんじょう》発揮《はっき》性霊集《しょうりょうしゅう》』（略して『性霊集』という）は、空海の直弟子の真済《しんぜい》が空海の著作した各種の文章を、相手に手渡す前に写し取って保存し、十巻にまとめたものである。遍照とは空海が中国で得た潅頂名で、空海自身が沙門遍照とか遍照金剛などと自称している呼び名であり、発揮は持っている実力を出すこと、性霊は天性の霊異をふるいおこした格調高い文章の意味である。十巻のうち八・九・十の三巻はその後に散逸してしまったが、二百数十年を経て、仁和寺の学僧、済暹《さいせん》（一〇二五〜一一一五）がその時点で散在していたものを集めて再び三巻にまとめた。したがって現存する『性霊集』十巻のうち八・九・十の三巻は、済暹の編集した「補闕抄《ほけつしょう》」であって、真済の時のものではない。

内容は漢詩、碑銘文《ひめいぶん》、上表《じょうひょう》文、書簡、諷誦文《ふじゅもん》、願文《がんもん》など長短あわせて一一二文にのぼるが、このうち「補闕抄」中の四文は空海の作ではないので、合計一〇八の文章が空海の作として残っていることになる。

さて本来の編者の真済は、『性霊集』の冒頭に序文をつけており、そこで空海の生涯や人柄について触れている。二十年にもわたって空海のそば近くに事《つか》えた直弟子《じきでし》の文であり、師のプロフィルを正確にとらえていると思われるので、ここに全文の書き下しと現代語訳を挙げてみよう。

「余、少小《わかかりし》のとき頗《すこぶ》る先氏《せんし》の風《ふう》（儒教）を貴《とおと》ぶ。志学（三十歳）の後、寂歴《じゃくれき》（静寂な境地）を楽《ねが》って此の事（儒学）をものかずにせず。幽人《ゆうじん》の幽行《ゆうぎょう》（仏陀の深遠な活動）を仰ぎ、大道の大《だい》妙《みょう》（仏道のすばらしさ）に耽《ふけ》る。」（私、真済は青年時代は先祖が伝えてきた儒教を貴び学んできました。しかし三十歳を過ぎてから仏教のめざす静寂な境地に引かれるようになり儒教から離れることになり、仏陀の深遠なたたずまいを仰ぎ、仏教の大道を学ぶようになりました。）

「爰《ここ》に一人の上人有《いま》しき。号して大遍照金剛という。青襟《せいきん》（青年の頃）にして槐林《かいりん》（えんじゅの林・学校）の春秋（年月）を摘み、絳張《こうちょう》（赤いとばりの中で教える、先生）にして山河の英萃《えいすい》（山河が自然に美しい花を咲かせる）に富《と》めり。遂に城中の近智《きんち》（狭い場所での小さな智慧、出世のための学問）を陋《いやし》んで、超然の遠猷《えんゆう》（高大、深遠《じんえん》な教え、仏教）を慕う。」（ここに一人の上人がおられました。潅頂によって得た遍照金剛〔大日如来〕とみずから称しておられました。青年時代は大学で学ばれ、先生となっても山河が自然天然の美しい花々を咲かせるような立派な風格を備えておられました。しかしやがて世を渡る助けのための学問を棄てて、高大にして永遠なるものを求めていかれました。）

「俗を出て真に入り、偽《ぎ》を去りて貞《てい》（正しいこと）を得たり。敻巌谿渓《けいがんこっけい》の美（高い山、広々とした谷）、神木霊草《しんぼくれいそう》の区（神聖な大木や不思議な草々の生えている場所）、耳目《じもく》の経《ふ》る所いまだかつて究めずんばあらず。毎《つね》に歎じていわく、提葉《だいよう》（菩提樹の葉、釈尊を指す）凋落《ちょうらく》して久し。竜葩《りゅうは》（弥勒菩薩が出生する時に咲くと伝えられる竜葩樹《りゅうはじゅ》）いずれの春をかを待たん。吾が生の愚なる、誰《たれ》に憑《よ》ってか源《みなもと》に帰らん。但し法の在るあり。予《よ》を起《おこ》すはこれ天なり、と。天その願に随って果《はた》して求法に擢《ぬきん》んでらる。」（ついに俗世間を捨てて出家して真実の道を求め、いつわり多き生活を去って正しい道に入ったのです。高い山、広い谷、聖なる木々や不思議な草々の生えている場所などどこへでも出かけて修行されました。そしていつもこういわれたのです、釈尊が入滅されてからずいぶん時間がたっているし、弥勒菩薩が下生されるまではまだまだ遠い、この愚かな私は一体だれをたよりにしていったらよいのだろう。しかし師は無いが法（教え）は存在するのだ。そしてこの志をふるい立たせ、中国の唐に留学させてくれたのはわが朝廷のお力でありました、と。朝廷はその願いを許し、求法の旅に出してくれたのです。）

「去《いん》じ延暦の末に、命《めい》を銜《ふく》んで入唐《にっとう》す。適《たまたま》京城青竜寺の大徳、恵果阿闍梨《けいかあじゃり》（先生）に見《まみ》ゆ。即ち南天竺《なんてんじく》（南インド）の大弁正三蔵《だいべんしょうさんぞう》（不空三蔵の称号、三蔵は学問僧の尊称）の上足《じょうそく》の弟子（高弟）、代宗《だいそう》皇帝の師として供《ぐ》する所なり。」（去《さ》る延暦二十三年——延暦は二十四年まで。次は大同元年、空海は足かけ三年目の大同元年に帰国する——勅命《ちょくめい》によって唐に渡りました。そして機会を得て長安—西安—青龍寺の恵果和尚《かしょう》にお会いすることができたのです。和尚は南インドから渡来された不空三蔵の高弟に当られ、代宗《だいそう》皇帝の師として朝廷に仕えておられたかたです。）

「和尚始めて一たび目《み》て以《もっ》て喜びたもう。待《たい》すること已《すで》に厚くしていわく『吾れ汝を待つこと久し。来《きた》ること何ぞ遅きや。生期《しょうき》（生存の期間）向《まさ》に闕《お》えなんとす。精勤《せいごん》して早く受けよ』と。則《すなわ》ち二部の大曼荼羅の法（金剛界と胎蔵界の二部）百余部の秘蔵を授《さず》く（『御請来目録《ごしょうらいもくろく》』に記されている密教の経典儀軌《ぎき》等百四十二部などを指す）。上人の性《せい》たらく、善《よ》く声を聆《き》いて意《こころ》を知り、目に経て口に止《と》むることを得《う》（見たことを忘れない）。積年の功、旬時《じゅんじ》に（旬は十日、時は三ヶ月、つまり数ヶ月の短い間の意）学び得たり。」（恵果和尚は空海上人を一目《ひとめ》見て大変喜ばれ、厚くもてなされてこういわれました。〈私はあなたが来るのを以前から待っていたのですよ。ずいぶんおそかったね。私も年をとって私の命も終ろうとしているのだ。あなたは精進努力して早く法《ほう》（密教）を受けなさい。〉——かつて福州に漂着した際に、遣唐大使の代筆をしたためた書簡を提出したが、役人は西安の都に一行の来朝を報告し、上陸を許すか否かを問い合わせたが、空海のその書簡も当然一緒に添附してあったので、内供奉の恵果は唐の朝廷においてその書簡に目を通しており、日本から密教を学びたいと志《こころざ》す、すぐれた青年が来唐していることは知っていたのである―注、筆者―そして恵果は空海に、金剛界、胎蔵界の二部の大曼荼羅の秘法及び百余部の密教経典等の教えを授けて呉れたのです。これを授けられた空海上人は頭脳明晰《めいせき》記憶力抜群であったので普通ならば何十年もかかるところをわずか数ヶ月で密教の教理を受け終ってしまったのです。）

――以下、読者諸兄の煩《わずらわしさ》を恐れて筆者の現代語訳のみを誌《しる》す。ご寛容あれ――

「空海上人に密教を授け終るや、恵果和尚は間もなく遷化《せんげ》（亡くなること）されましたが、法を授け終った際にこう言われました。〈今日本人の僧侶が私のもとへ密教を求めて来訪し、私は彼に金胎両部の秘奥《ひおう》、作壇《さだん》、各種の儀式、印契《いんげい》（手に結ぶ各種の印《いん》）などを授け、彼（空海を指す）もインド、中国伝来の密教をことごとく受得しました。それは丁度、器《うつわ》の水を他の器に瀉《うつ》すように完全に受けてくれました。あゝすばらしいことだ。あなた（空海）への法の伝授はすべて完了したのだ。そして私の願いも成就したのだ〉と。

大日如来から金剛薩埵《さった》へと密教が授けられさらに竜猛《りゅうみょう》、竜智《りゅうち》、金剛智《こんごうち》、不空《ふくう》、恵果《けいか》と続く第八祖がわが師である空海上人ということになるのです。そして（日本の）朝廷の命を承けて、中国、インドの儀式によって伝法を受け、その内容も朝廷の御恩に答えて、密教の教えを授かることを得たのです。この時から、真言密教はわが日本にもたらされ、曼荼羅や潅頂の教えがわが国にまでひろまることになったのです。これひとえにわが国の聖天子である（桓武）天皇がインド伝来の新しい密教を、空海上人というすぐれた人物に託して、後世の人々のために受け継がせて下さった賜物でありましょう。

あゝ考えてもご覧下さい、方角に迷った船頭が必死に目的の港をさがしたとしても、どうして目的の方角を一望に見通すことなど、とうてい不可能です。それが無事に帰国できたのはまことに不可思議であり、神仏のご加護によると思わざるを得ません。

弟子である私、真済《しんぜい》は、清らかな宗教の世界を求めて先生（空海上人）のもとに学ばせて頂きました。先生は鐘や籟《ふえ》が奏でる人によってそれぞれの音色を出すように弟子たちそれぞれに適応した指導をして下さいましたし、新しい弟子も旧知の友のように親しく教えてくれました。私は長い年月先生のおそばにお事《つか》えしましたが、先生が軽薄な言動をされたのを一度も見たことがありません（年深く執事《しつじ》して、いまだその浅きを見ず）。

中国の老子の故事に、老子はその徳が陰陽の二気によって養われ、時には竜となり雲雷となって大音を発し、だれも老子の変幻自在の姿をうかがい知ることができなかった、とありますが、このようなことも虚言《きょげん》でないことが空海上人を拝見していてわかりました。先生はかつて中国に行かれた時、「離合《りごう》の詩」を作って中国僧の惟上《いじょう》に贈ったことがありました。（その詩は次の如し。『拾遺雑集』全集③六一四頁）

磴危人難行（磴《いしぶみ》は危《あやう》くして人行き難く）
石嶮獣無昇（石は嶮《けわし》くして獣も昇ること無し）
燭暗迷前後（燭《しょく》暗くして前後に迷えり）
蜀人不得燈（蜀人《しょくじん》、燈を得ず）

（この詩のうち第一句の初字「磴」から第二句の初字「石」を離して「登」として、「燭」から「蜀」を離して「火」とし、「登」と「火」を合わせて「燈」とし、空海の伝燈を誓う志を表わしている、という。）

前の御史大夫（官名）であった泉州の別駕《べっか》馬摠《ばそう》は役人でありながら当時の大学者でしたが先生（空海）の詩を見ておどろきあやしんで詩を贈ってきました。それは次の様でした。

何乃万里来（何ぞ乃《なんじ》、万里より来《きた》れる）
可非衒其才（その才を衒《てら》うに非ざるべし）
増学助玄機（増々《ますます》学んで玄機《げんき》〔奥深い智能〕を助けよ）

士人如子稀（士人《どじん》（中国人）すら孑《なんじ》の如きは稀なり）

（この場合は「何」から「可」を離して「人」を残し「増」より「土」を離して「曽」を残し「人」と「曽」とを合わせて「僧」となるのであって、僧侶である空海の才能をたたえたものである）

その後は先生（空海）の名声は広く中国にひろまり、出家・在家を問わず皆が尊敬し、お互いに詩や文章をやりとりし、その分量は文箱《ふばこ》に収め切れなくなるほどでした。

さらに先生ははるかな国の中国上陸から長安入京まで格調高い書簡を出して感動を与えて許可を得たり、また帰途には節度使に対して誠意を込めた書簡を差し出して経論をはじめ各方面の書物を日本に持ち帰ることができたなどなど、文字といい文章といいまことに美しく立派で、日本が君子の国であることを知らしめて、大いに国威を発揚したのであります。このことは、毗陵子《びりょうし》や故伯崇《こはくそう》が歌に残しております「あらゆる論理（四句）を用いて法を説き、戒律を説けば、これを聴いた者はすべて彼に帰依した」の故事と同じように、空海上人のことばや文章に接すると、すべての人々が感動したのです。

さらに天は、わが師空海上人に、あらゆる才能や技術を賦与《ふよ》されました。特に書道などは草書がきわめてすばらしい、という定評がありました。しかしそのたぐいまれな書の風格にあらたに接することはできなくなってしまいました。けれども、空海上人のあたかも鶏が餌をつゝいているような、獣《けもの》が走っているような生き生きとした筆勢は中国にしっかりと残っておりますし、また泉が涌き出ているような、雲が走り廻るような草書体は、わが日本に移しもたらされたのです。ある時はもややかすみのたなびく野原に寝ころんで、詩を独《ひと》り口づさみ、歌を詠み、またある時は天子さまの御下問《ごかもん》に答えて書を献納したり、自由自在に書《しょ》をものし文章を作られました。先生の作られた「仙《せん》を慕《した》う詩」に「高山《こうざん》に風起ち易く、深海に水量《はか》りがたし」といい、「神泉苑に遊ぶ」（両詩とも『性霊集』巻第一に所収）に「高台《こうだい》の新構《しんこう》は人力《じんりき》にあらず、池鏡泓澄《ちけいおうとう》として日暉《にっき》を含めり」などなど、意味深い名文を拝見していると、風景をたゝえると同時に神仏を崇《うやま》う心がもり込まれていて読む者の心まで勇気づけられ、さらに風雅の中にも善を勧《すす》め悪を戒《いまし》める意味までがはっきりとうかがえるのです。

こうしたさまざまの場面で先生が作られ書かれた詩文は、みな機会あるたびにその場で即興的に作られるので下書きなどされません。先生が書かれた直後にすぐに急いで写しておかなければ二度と目にすることはできないのです。弟子であります私（真済）は、宝石にも比すべき空海上人の文章が河原の石のごときものにまじってわからなくなったりしないように、また蘭《らん》や桂《かつら》のように香り高い名文が秋のよもぎのような雑草に押しつぶされて失われないようにしたいと思ったのです。そこで、先生にお事《つか》えしながら写し採っているうちに五百紙ほどが集ったのです。この中には中国人の方々へ贈った詩文も加えました。十巻の書物に編纂して『遍照《へんじょう》発揮性霊集《はっきしょうりょうしゅう》』と名づけました。その他の分類に入るべき著作などは除外してあります。願わくば私たちの仲間の、物事をわきまえた人々で、空海上人の詩文を鑑賞し味わいたい人は、修行の余暇にこの書物を開いてみてほしいと思います。そういう人たちの一菴《いちあん》（いおり）に置いて上人を仰《あお》ぎみるための書物なのです。だれが、他人に押しうりするつもりなどありましょう。」

◇

以上少し長いが、編者の真済は十五歳で空海の門に入り、三十五歳まで約二十年の間、空海に師事した直弟子《じきでし》であり彼の目から見た空海の姿は、空海伝の貴重な資料の一つである。

この序文から言えることは、弟子が偉大な師を高く仰ぎ、誇らしく思っていることがよくわかるが、「年深く執事《しつじ》していまだその浅きを見ず」と述べたり、「手に随《したが》って章を成す」「遇う所にして作《な》す、草案を仮《か》らず」など文章作りの名手としての空海の日常をよく伝えていると思う。また文学的、芸術的な才能にあふれた空海も、僧侶としての一面はまことに毅然《きぜん》としていたことも知れるのである。

十一、中国における空海の評価

延暦二十三年（八〇四）七月六日、数え三十一歳の空海が留学生《るがくしょう》として、遣唐大使の一行《いっこう》と共に、肥前の田の浦（今の長崎県平戸市大久保町田ノ浦）から四船で同時に出航したことは、すでに述べた。しかし翌日に暴風に遇い、大使と空海が乗る第一船も荒波に流され、三十四日の漂流ののちに中国の福州《ふくしゅう》に流れ着いた。一行を疑った役人にあてて、大使の依頼を受けて空海は大使の代筆として書簡をしたためて提出した。この写しが『性霊集』巻第五に収められている「大使、福州の観察使《かんさつし》に与うるがための書」である。この一文は中国の役人たちを驚かし、この書簡の造り手である空海の、その後の処遇に大きな影響を及ぼしたものであり、『三教指帰』以来残っているはじめての空海の文章であるのでここに全文を挙げて、空海の懸命な努力を偲んでみよう。

「賀能啓す（賀能《かのう》は遺唐大使、藤原葛野麿《ふじわらのかどのまろ》の中国風の呼び名）、**高山澹黙**《たんぼく》（静かに黙っている）**なれども禽獣労**《きんじゅうろう》**を告げずして投り帰き**《いたおもむ》（とりやけものは労をいとわずに集ってくる）**深水言**《ものい》**わざれども**

魚竜《ぎょうりゅう》倦《う》むことを憚《はばか》らずして逐《お》い赴く（魚や竜はあきずに深い淵《ふち》にやってくる）。かるがゆえに（これと同じように）西羌《せいきょう》、険しきに梯《かけはし》して垂衣《すいえ》の君《きみ》に貢《こう》し（西方の異民族は険しい山を越えて徳の高い中国の皇帝に貢物《みつぎもの》を捧げ）南裔《なんえい》深きに航《ふなわたし》して刑厝《けいそ》の帝に献ず（南方の諸国も深い海を渡って徳の有る皇帝に献《みつぎ》ものを献上する）誠にこれ明らかに、艱難《かんなん》の、身を亡《ほろぼ》すことを知れども、（山を越え海を渡る危険が身をほろぼすことがわかっていても）しかれどもなお命を徳化の遠く及ぶに忘るるものなり（命がけで天子の徳を慕って来る）。

伏《ふ》して惟《おもん》みれば大唐の聖朝《せいちょう》、霜露《そうろ》の均《ひと》しき攸《ところ》、皇王よろしく宅《いえ》とす（考えてみるに、大唐の天子様は、霜や露が季節正しくおとずれる恵まれた土地に宮殿を造っている）明王武《めいおうあと》を継ぎ聖帝《せいてい》重ねて興《おこ》る（賢明な天子が皇位を継承し、すぐれた天子が次々に出る）。九野《きゅうや》を掩頓《えんとん》し（天をおおうように徳が天下に行きわたる）、八紘を牢篭す（八方の地を籠中にとらえる、徳が八方に及ぶ）。ここをもってわが日本国、つねに風雨の和順なるを見て定んで知んぬ、中国に聖有《ひじりいま》すことを（わが日本国では天候に恵まれ国内が安泰だということからも恐らく隣国の中国にすぐれた天子がおられるに違いないと考えていた）。巨倫《きょりん》を蒼嶺《そうれい》に剞《くぼ》めて（大きな木を高山でえぐって舟をつくり）皇華《こうか》を丹墀《たんち》に摘《つ》む（日本の天子の使者として唐の朝廷を訪れた）。蓬莱《ほうらい》の琛《たから》を執り、崑岳《こんがく》の玉を献ず（蓬莱山のたからや崑崙山《こんろんさん》の玉、日本からの贈物を指す）。昔より起って今にいたるまで相続いて絶えず。

かるがゆえに今わが国主、先祖の貽謀《いぼう》を顧《かえり》みて今帝の徳化を慕う（これまでの天子が代々のこし伝えた計画――遣唐使のこと――を引き継いで現在の中国の徳宗《とくそう》皇帝にご挨拶に来たのです）謹《つつし》んで太政官右大弁正三品、兼行（位より官位が低い時に用いる）越前国の太守《たいしゅ》、藤原朝臣《あそん》賀能等を差して使に充《あ》てて国信、別貢《べっこう》等の物（常例の貢物と臨時の貢物）を奉献《ぶこん》す。

賀能《かのうら》等身を忘れて命《めい》を銜《ふく》み、死を冒《おか》して海に入《い》る（身命の危険をかえりみずに天皇の命令にしたがって海を渡ってきた）。すでに本涯《ほんがい》を辞《じ》して（日本を離れて）中途に及ぶ比《ころ》に暴風帆《ほ》を穿《うが》ち牀風柁《しょうふうかじ》を折《お》る（牀風は暴風のこと）。高波漢《かん》に沃《そそ》ぎ、短舟裔裔《たんしゅうえいえい》たり（高い波は天にのぼるようにすさまじく、舟は波の中を舞うようなありさま）。凱風朝《がいふうあした》に扇《あお》げば肝《きも》を耽羅《たんら》の狼心《ろうしん》に摧《くだ》き（南風が朝に吹けば、獰猛《どうもう》だとうわさのある耽羅島に漂着したら大変だと心配し）北風夕《ゆうべ》に発《おこ》れば膽《きも》を留求《りゅうきゅう》の虎性《こせい》に失う（北風が吹けば、虎のように乱暴だとのうわさのある留求島に漂着するのではないかとおそれた）。猛風に顰蹙《ひんしゅく》して葬を鼈口《べっこう》に待ち（強風に顔面をしかめて海に投げ出されて大きな亀に食べられてしまわないかと心配し）驚汰《けいたい》に攢眉《さんび》して宅《たく》を鯨腹《げいふく》に占《し》む（はげしい高波に眉《まゆ》をひそめ、海に投げ出されて鯨のえじきになってしまわないかと心配した）。浪に随って昇沈《しょうちん》し風に任せて南北す。ただ天水（空と海）の碧《へき》色（青色）のみを見る。あに山谷《さんや》の白霧《はくむ》を視《み》んや。波上に掣掣《せいせい》たること（風にまかせて漂流する）二月有《ふたつきゆう》余《よ》、水尽《みずつ》き人疲れて、海長く陸《くが》遠し。虚《そら》を飛ぶに翼脱《つばさぬ》け、水を泳ぐに鰭殺《ひれそが》れたるも、何ぞ喩《たと》えとするに足らんや（飛ぶ鳥がつばさが抜け落ちたり、魚のひれが失われるというたとえがあるが、とてもそれどころではなかった）。

僅《わず》かに八月の初日に乍《たちまち》に雲峯《うんぽう》（雲のかかった山、陸地）を見て欣悦極《きんえつきわま》りなし（大変に喜んだ）赤《せき》子《し》（子ども）の母を得たるに過ぎ、旱苗《かんびょう》（日照りで枯れそうな苗）の霖《あめ》（長い雨）に遇えるに越えたり。賀能等《ら》、万《よろず》たび死波《しは》を冒《おか》して（波にのまれるような死の危険をこえて）再《ふたた》び生日を見る（生きのびた）。これすなわち聖徳《しょうとく》の致《いた》すところにして（唐の皇帝の威徳のおかげ）、わが力のよくするところにあらず。

また大唐の日本に遇すること（日本人への待遇）八狄《はってき》雲のごとくに会《お》うて高台《こうだい》に膝歩《しっぽ》し（北方の八種の異民族たちが唐の朝廷に膝をついて進み）七戎《しちじゅう》霧のごとくに合って魏闕《ぎけつ》に稽顙《けいそう》す（西方の七つの異民族が大勢あつまって唐の宮廷に額を地につけてぬかずく）といえども、しかもわが国の使《つかい》においては、殊私《しゅし》曲《ま》げなして（特別に丁重にして）待《たい》するに上客をもってす（大切な客として待遇してくれた）。面《まのあた》り竜顔《りゅうがん》に対してみずから鸞綸《らんりん》を承《うけたま》わる（直接皇帝にお会いしておことばをかけていただく）。佳問栄寵《かぶんえいちょう》すでに望《のぞみ》の外《ほか》に過ぎたり（天子からのおたずねや天子からのおやさしいお心づかいは、身に余るしあわせで）かの瑣瑣《ささ》たる諸蕃《しょばん》とあに同日に論ずべけんや（とるに足りないかの異民族の国々とはとうてい比べものにならない）。

また竹符銅契《ちくふとうけい》はもと奸詐《かんそ》に備う（竹のわり符や銅のわり符など遣唐使の身分証明は、もともとにせものをふせぐためのもの）。世《よ》淳《あつ》く人質《ひとすなお》なるときは、文契《ぶんけい》何も用いん（唐皇帝にあてた日本の勅書などは必要としない）。このゆえにわが国、淳樸《じゅんぼく》より已降《このかた》常に好隣《こうりん》を事《こと》とす（わが日本国は人情あつく、いつわりがないということで常に隣の国々とは好友《こうゆう》を厚くしている）。献《けん》ずるところの信物印書《しんもついんしょ》を用いず（貢物や天皇の親書は不要である）。遣《また》するところの使人《しにん》、奸偽《かんぎ》あることなし（遣唐使の使者は、だましたりいつわったりしない）。その風《ふう》を相襲《あいつい》で今に尽くることなし（この習慣はいまでも少しも変っていない）。

しかのみならず使乎《しこ》の人は必ず腹心《ふくしん》を択《えら》ぶ（立派な使者としては必ず最も近い家来をえらんで派遣する）。任《にん》ずるに腹心をもってすれば何ぞさらに契《けい》を用いん（その上証明となる書状など必要ない）。載籍《さいせき》の伝うるところ、東方に国あり、その人懇直《こんちょく》にして礼義の郷《さと》、君子の国、というはけだしこれがためか（中国の書物に日本について、東方に日本国があり人民は親切ですなおで礼義を守る国であり、君子の国といえる、と書かれている通りである）。

しかるに今、州使責《しゅうしせ》むるに文書をもってし、かの腹心《ふくしん》を疑う（福州の役人は、私たちが日本国天皇の信書を持っていないということで腹心の使者を疑っている）。船の上を検括《けんかつ》して公私を計《かぞ》え数《かぞ》う（船の中を取り調べ、公私のものを計えしらべる）。これすなわち理《り》、法令に合い、事、道理を得たり。官吏《かんり》の道、実にこれしかるべし（法律上ではその通りだと思うし、官吏の役目としては当然である）。しかりといえども、遠人《えんじん》たちまちに致って途《みち》に触れて憂《うれい》多し（私たちは遠い国からやって来て何もわからないので憂いている）。海中の愁なお胸臆《くおく》に委《つも》れり（海上での心配がいまなお胸中に残っている）。徳酒《とくしゅ》の味いまだ心腹《しんぷく》に飽かず（中国皇帝の徳がまだ私たちには届いていない）。率然《しゅうぜん》たる禁制、手足厝《お》きどころなし（突然の上陸禁止に茫然自失している）。

また建中以往《けんちゅういおう》（唐の徳宗《とくそう》の建中元年以来）の入朝の使の船は直《ただち》に楊蘇《ようそ》（揚州、蘇《そ》州）に着いて、漂蕩《ひょうとう》（海上をさまよう）の苦しみなし。州県の諸司（役人）慰労《いろう》すること慇懃《いんぎん》なり。左右使《さゆうつかい》に任せて船の物を検《しら》べず（すべてを遣唐使の自由にまかせて船中など検査しない）。今はすなわち事《こと》昔と異なり、遇《ぐう》すること望《のぞみ》と疎《おろそ》かなり（待遇が期待するものと違っている）。底下《ていか》の愚人《ぐにん》（最低のおろかな私たち）竊《ひそ》かに驚恨《きょうこん》（おどろきと恨み）を懐く。

伏して願わくは遠きを柔《なつ》くるの恵《めぐみ》を垂《た》れ（遠方よりわざわざ来た私たちをいたわるお心をもって）隣を好《よみ》するの義を顧《かえり》みて（隣国との友交のお気持をもって）その習俗《しゅうぞく》を縦《ほしいまま》にして常の風《ふう》を怪《あや》しまざれ（日本人の習俗を理解し日本人の様子に疑問を持たないでほしい）。

しからばすなわち涓涓《けんけん》たる百蛮《ひゃくばん》（小さな流れのような多くの異民族たちも）流水と与《とも》んじて舜海《しゅんかい》（名君のほまれたかい舜のような朝廷）に朝宗《ちょうそう》し（貢物《みつぎもの》を持参して訪れ）、喁喁《ぎょうぎょう》たる万服《ばんぷく》（多くの国の人々が、にぎやかに来唐して皆が皇帝に帰服し）、葵藿《きかく》と将《とも》んじてもって堯日《ぎょじつ》に引領《いんりょう》せん（まるでひまわりが太陽の方向に向いているように中国の名君として名高い堯帝に代表される中国の朝廷に多くの国々が首を向け帰服するであろう）。風《ふう》に順《したが》う人《にん》は甘心《かんしん》して逼湊《ふくそう》し（皇帝の徳風に心を打たれ、満足して集ってくる）、腥《なまぐさ》きを逐《お》う蟻《あり》は意《こころ》に悦《よろこ》んで駢羅《へんら》たらん（ちょうどなまぐさき臭いにむらがる蟻のようにならびきそって集る）。今、常習《じょうしゅう》の小願《しょうがん》に任《た》えず（遣唐使としての通常の待遇をしてほしいというささやかな願いをかなえて頂きたい)。奉啓不宣《ほうけいふせん》、謹んで言《もう》す(つつしんでおたより申し上げる)。」

かなりの長文の書簡であるが、これを一読すると、依頼された空海が、遣唐使の身《み》になって本当に力をこめて作文していることがわかる。中国の故事を縦横に引用し、毛氏、左子伝などの古典の用語をふりまくように用い、しかも常に相手に敬意を払い、慎重に遣唐使の主張を述べている。数《かぞ》え三十一歳の青年がこうした重い漢文を造れるものだろうか。普通では考えられない。しかしすでに二十四歳で『三教指帰』を著作した空海の才能からすればむしろ当然なことと納得できるであろう。

しかしこの書をはじめて目にした福州の観察使兼刺史《けんしし》の閻済美《えんさいび》は高名な文学者でもあったといわれるが、空海作のこの書状を見てすっかり態度を変え、笑顔を浮かべながら直ちに船の封《ふう》を解き、慰問の挨拶を述べ、日本国の大使が来唐した旨の知らせを長安の都に奏上した。この時にもちろんこの書状も添えられて朝廷まで届けられたと考えられる。

空海の力強い筆跡と格調高い文章によって大使一行の扱いはすっかり変ってしまった。そして同時にこの書状は、空海の学力を唐の朝廷に認めさせる結果を生んだのである。

これから長安からの入京の許可がおりるまでの三十九日間は、食糧や住宅が供付され、さまざまのもてなしを受けることができた、と空海の帰朝後に日本の朝廷に自《みず》ら提出した『御請来目《ごしょうらいもく》録《ろく》』（全集①七〇頁）に誌されてある。恐らく唐の朝廷では、日本からすごい青年僧が密教を学びにやってきた、といううわさが広まったであろうし、朝廷に出入りしていた（内供奉《ないぐぶ》）恵果も、いずれ空海青年が自分を訪ねてくるであろう、と心待ちにしていた筈である。年が明けてそれから半年たった六月十三日、空海は中国の友人たちと青竜寺を訪ね初めて面会した際、恵果は空海を見るなり、「よく来た、よく来た、私は君が来るのをずっと待っていたのだよ」といった（これも前記『御請来目録』）のも当然のことであった。

◇

その半年後の十二月十五日、師は入滅する。年が明け、空海来唐の二年目の一月十七日、弟子たちは（空海を含めて）師を城東に葬ったが、その時に当って逸人《いつのひと》の呉殷《ごいん》という弟子が『恵果《けいか》和尚行状《かしょうぎょうじょう》』という文章を誌《しる》した。この中に和尚の法燈（法の燈、すなわち密教）の後継者についての恵果のことばが出ているのでこれを誌そう。この中に空海についての記述があるので注意して頂きたい。

「訶陵《かりょう》の弁弘、新羅《しらぎ》の恵日には、ならびに（両名とも）胎蔵の師位を授け、剣南《けんなん》の惟上《いじょう》、河《か》北《ほく》の義円には金剛界の大法を授け、義明供奉《ぎみょうぐぶ》にはまた両部の大法（胎蔵界、金剛界の両部）を授く。

いま日本の沙門、空海という人あり。来《きた》って聖教《せいきょう》を求むるに、両部の秘奥《ひおう》・壇儀《だんぎ》・印契《いんげい》をもってす。漢梵《かんぼん》（漢文と梵語――サンスクリット語――）差《えら》ぶことなくことごとく心に受くることなおし写瓶《しゃびょう》のごとし（一方のコップから他のコップへ水をそっくり移すように完全に受けとめた）。これこの六人、わが法燈を伝うるに堪《た》えたり」

と。これからして、多数の弟子の中で、金剛界と胎蔵界の両部の伝法を受けたのは、中国の義明と日本の空海の二人だけということになる。しかも義明はその後間もなく入滅してしまうので、正統な受法者は空海だけということになる。そしてこの呉殷の文は、空海青年の才能に対する師の驚きの気持が、客観的に示されている重要な証拠であるといえる。

◇

早く帰国して日本に密教を弘めよ、という師の遺命《ゆいめい》を受けて空海は帰国を決意する。二十年の留学生《るがくしょう》の定めを、わずか足かけ三年そこそこで帰国するのは日本国の法律違反であり、厳しく罰せられることが予想されたが、この時の空海の心中はまことに複雑であったと考えられる。

帰国するに際して多くの文人《ぶんじん》たちと詩の贈答がおこなわれている。まず帰国の年の正月と思われる長安出発に、空海は、青竜寺の義操阿闍梨《ぎそうあじゃり》（師、先生、僧侶への尊称）に宛てて次のような留別の詩を贈った。

同法同門喜遇深　（同法同門、喜遇深《きぐうふか》し）
遊空白霧忽帰岑　（空に遊べる白霧は忽《たちまち》に岑《みね》に帰る）
一生一別離再見　（一生に一たび別れて再び見え難《まみ》し）
非夢思中数数尋　（夢にあらずして思の中に数数《しばしば》尋ねん）

次のこの年の三月に「前試衛尉寺丞」である朱千乗は空海に詩並びに序を贈っている。その序にいう。（全集⑤三五七頁）

「日本の三蔵、空海上人は、梵書（サンスクリット語の書物）を能《よ》くし八体に工《たくみ》なり（書がうまい）。倶舎《くしゃ》を繕し三乗に精《くわ》し（小乗・大乗を通じ仏教をよく勉強している）。去秋《きょしゅう》にして走り（去年の秋に来てもう今年の春には帰ってしまう。――実際に長安に着いたのは一昨年の暮、この場合は誇張してこう言ったのか）。掌《たなごころ》を返す雲水のごとく扶桑《ふそう》は夢の中なり。他方（他方世界）の異人、故国の羅漢ならん。蓋《けだ》し凡聖もって測《はか》り識《し》るべからず、亦《ま》た智をもって知るべからず（その実力ははかり知れないし、

常識ではとても考えられないものを持っている）云云」。

また鄭壬、字《あざ》は申甫という人物も詩を贈っているが、その詩の後半にこう言う、

雁塔《がんとう》、殊域《しゅいき》に帰り、鯨波《げいは》、巨津《きょしん》を渉《わた》る（鯨が大海を泳ぎわたる（——空海を雁、鯨にたとえた——）

他年僧史を続けば、さらに一賢人《いちけんじん》を載《の》せん（帰国したのちには、いずれはきっと歴史に残るような僧侶になっていかれるであろう）。

また空海は在唐中に剣南《けんなん》の惟上《いじょう》（恵果の弟子の一人）に離合《りごう》の詩を作って贈り、惟上がこれを泉州の別駕《べっか》（官名）である馬聡《ばそう》に見せたところ馬聡はこれを見ておどろきまた離合の詩一詩を作って空海に贈ったことは前項（十）に載せた。

◇

最後に園城《おんじょう》寺文書《じもんじょ》の中の円珍法師の入唐《にっとう》記録から一、二を紹介しよう。

円珍（後の智證大師）は空海の母方の甥《おい》にあたるが、空海入定後十七年に入唐し、ある時開元《かいげん》寺《じ》という寺に行ったところ、恵潅《えかん》という老僧が円珍に、「五筆《ごひつ》和尚はお元気ですか」とたずねた

という。円珍にとって「五筆和尚」の名ははじめて耳にしたのだが円珍は、すぐにこれは伯父の空海のことだと気がつき、「もう亡くなりました」と答えたところ、恵濯は胸をたたいて悲嘆し「あのように才能の豊かなかたはいまだかつておられませんでした」と述べたという。五筆とは楷《かい》・行《ぎょう》・草《そう》・隷《れい》・篆《てん》書という五種の書体のことで、いかなる書体でも自由に書きこなすという意味で五筆和尚のあだ名がついたのであろう。しかしこの事は、空海自身が一度も口にしたり書いたりしていないので、日本ではだれも知らないことであった。恐らく中国で空海の書の巧みさをたたえて噂《うわさ》していたに違いない。

それから数年後、円珍が龍興寺という寺に住んでいた時、かつて青竜寺で恵果に事《つか》えていた義真、義舟という老僧に会った際にも、彼らは口々に空海法師が聡明で、書の達人であったことをたたえたという。

思い起こせば空海の長安滞在は一年そこそこであった。しかもそれから五十年もののちに話題にのぼり、しかもなつかしく想い出してくれる中国の人々が存在していたということに私たちは驚かざるを得ない。

十二、エピソード・アラカルト

◇「亡弟子《ぼうでし》智泉《ちせん》のための達嚫文《だつしんもん》（供養を捧げる際に読む文・諷誦文《ふじゅもん》・表白《ひょうびゃく》）」

天長二年（八二五、空海かぞえ五十二歳）二月十四日、空海が大きな期待を寄せていた弟子の智泉が三十七歳の若さで早逝《そうせい》した。空海は智泉のために法会《ほうえ》を営み、切々たる達嚫の文を撰し、痛切なる哀悼の心を示している。なお智泉は空海の甥《おい》にあたり、早くから空海のもとで教えを受けた人である。かつて空海は弘仁三年に、二十四歳の智泉を高雄山寺の三綱《さんごう》（山内取締りの役職）の一人に任命し、また弘仁十二年十一月の両相公《りょうそうこう》（藤原冬嗣《ふゆつぐ》・緒嗣《おつぐ》の二人の大臣）に宛てた書簡の中で、「東大（東大寺）の杲隣《ごうりん》、実慧《じちえ》、元興（元興寺）の泰範、大安（大安寺）の智泉等は稍々《やや》大法の旨越《しえつ》を得《う》」として智泉を「大法の旨《むね》を得たる二・三の弟子」の一人に推《お》している。ここに達嚫文の一部を挙げ、空海の弟子を思う心のこまやかなることを偲ぶことにしよう。

「（前略）念ずれば亡ぜるわが法化金剛子《ほっけこんごうし》（密教の仏弟子）智泉は、俗家にはわれを舅《きゅう》といい（親戚関係で言えば私を伯父と呼ぶ）道《どう》に入《い》っては則ち長子なり（仏道に入っては上足《じょうそく》の弟子である）。孝心あって吾れに事《つか》ううること今に二紀《にき》（二十四年）なり。恭敬《くぎょう》して法を稟《う》け（うやうやしく法を受け）両部遺《のこ》すこと無し（金剛界、胎蔵界の両部のおしえを余すことなく相承《そうじょう》した）口密《くみつ》には非《ひ》なし、豈《あ》に唯《た》だ嗣宗《しそう》が言わざるのみならんや（密教では身口意《しんくい》の三密といい、行動と言葉と思いとの三種の活動をもって仏陀と同等になることをめざす。智泉は言葉の上ではかの『文選《もんぜん》』に示される、他人の過失を論じなかった嗣宗と全く同じだった。さらにそれだけではなかった）怒りを移さず（怒りを顔に出さない）たれか顔子《がんし》の弐《ふた》びせざることを論ぜん（『論語』に、顔回《がんかい》というものあり、学を好めり。怒りを移さず、過《あやまち》を弐《ふたたび》せず、とあるがその顔回のように過ちは二度としなかった）。斗藪《とそう》と同和と、王宮と山嶽《さんがく》とに（修行中もくつろいでいる時も、朝廷にはたらく時も山中に過す時も）影のごとくに随《したが》いて離れず。股肱《ここう》（ごく近しい家来）のごとくに相従《あいしたが》う。吾れ飢《う》うれば汝《なんじ》も亦《ま》た飢え、吾れ楽しめば汝も亦た楽しみぬ。謂《いわ》ゆる孔門《こうもん》の回愚《かいぐ》（顔回）釈家《しゃくけ》の慶賢《きょうけん》（釈迦の弟子の阿難）汝すなわちこれに当れり。（中略）覚りの朝《あした》には夢虎《ぼうこ》なく、悟れる日には幻象なしというといえども（夢虎・幻象などというものは覚ればそのようなものは無いと超越していけるのかも知れないが、別れの悲しみはたえがたい）しかれどもなお夢夜の別れは不覚の涙に忍びず。巨鼇《きょがく》半《なか》ば渡って片檝《へんしゅう》たちまちに折れ（大海を渡って中ばにさしかかった時に片方の梶《かじ》が折れてしまう）、大虚《たいこ》いまだ凌《しの》がざるに一翎《いちれい》たちまちに摧《くだ》く（大空を渡り切らないうちに片方の羽がくだけてしまうのと同じだ）。哀《あわれ》なるかな哀なるかな、また哀なるかな。悲しいかな悲しいかな、重ねて悲しいかな。（後略）」

◇

次に空海がある弟子に宛《あ》てて出したいくつかの書簡を挙げてみよう。年次、宛名《あてな》は明らかでないが、恐らく深山《しんざん》に入って苦行を続けていた、弟子の真泰にあてたものと考えられる。空海のあまり知られていない一面を示している。（『高野雑筆集』下巻。全集③六〇〇頁）

「書を得て、患《わずら》う所いまだ平《たいら》かならざることを委《くわ》しうす。（お手紙を拝見し、まだ身体がよくなっていないことを知った）憂愁《ゆうしゅう》何ぞ極《きわ》まらん（大変心配している）。頭痛及び舌の爛るるは熱の候《きざし》なり。呵気《かき》（息をゆるやかに調えておこなう調息法）を用いて治すれば、すなわち除くなり。また冷熱調《ととの》わざるは薑豉湯《きょうしとう》（しょうがと味噌の薬湯）を服《ぶく》せば除《のぞ》くことを得ん。よって馳《は》せて母薑《ぼきょう》・豉《し》・呵梨勒《かりろく》（生しょうがの根・味噌・薬用の果実）等の薬を送る。早く湯となして（煎《せん》じて）これを服せよ。やや平復《へいふく》することを得《え》ば、早く房《ぼう》に帰って相憶《そうおく》の情《こころ》を慰《い》せよ（私を安心させよ）。不多。空海。

泰金剛に報ず。六月二十三日。」

これよりしばらくして次の書簡を、同じ真泰に宛てて出している。(同じく『高野雑筆集』下巻、全集③六〇〇頁)

「滝を下って後《のち》、真泉《しんせん》・安太《あんたい》(いずれも空海の弟子)、薬物、米、塩を持して竜門の瀑水(竜門滝)に到るも、在《お》らず。追い覓《もと》むれども遇わずして帰る。その後さらに言《げん》を差して(弟子の言――弟子の略称――をつかわせて――四字不明につき略す――)尋求《じんぐ》すれども総《すべ》て見《まみえ》ず。今聞く、跣裸《せんら》(はだしに下帯《したおび》一つで)にして長谷《はせ》より(和歌山か奈良)披出《ひしゅつ》すと(出立《しゅったつ》したと)。衣薬等を持たしめて馳《は》せ送る。苦行は久しくすべからず(永くしてはいけない)。宜《よろ》しく早く使《つかい》に附して房に帰るべし(係の人にことずてして早く宿坊に帰りなさい)。持誦《じじゅ》の時到《ときいた》らば(修行が可能になったら)須臾《しゅゆ》に(すぐに入って遅滞《ちたい》せざれ(また一所懸命はげめばよい)空海、泰金剛子に報ず。八月五日。」

身体の具合が悪い時に修行など続けてはいけない、身体が直ったらまたやればよいではないか、と薬の用法までこまかく気を配る空海の指導には、われわれもなにか気の安まる心持がする。

◇

次に、空海が病気の人に対して、高い常識をもって対応しているエピソードを一つ加えておく。『弘仁《こうにん》天皇（嵯峨天皇のこと。元号からいう）の御厄《おんやく》（病気）を祈誓《きせい》し奉《たてまつ》る表』（『性霊集』巻第九、全集③五一九頁）である。はじめに天皇の病気平癒を仏前に祈願したことを述べて次のようにいう。

「伏して乞う、体察したまえ（どうぞ私たちの誠意をお受けとり下さい）。**謹《つつし》んで神水一瓶《しんすいいちびょう》を加持して**（祈りを込めた水一《ひと》びん）**を弟子の沙弥真朗を勅して奉進せしむ。願わくばもって薬石《やくせき》に添えて不祥《ふしょう》を除却したまえ**（できればお薬を飲まれる際にお使い下さい）**と。**（以下略）」

よくある話のように、薬をやめてこの水を、というのとは全く違うことに注目すべきであろう。

◇

次に年次不明であり宛名も不詳であるが、自心の苦悩を空海に訴え、針路を相談してきた人に対しての空海の返書を挙げておこう。空海の真剣なしかも慈愛に満ちた心を知ることができると

思う。（『高野雑筆集』巻下、全集③六〇六頁）

「先後の二書を開きて、具《つぶ》さに意《こころ》を覚《さと》りぬ（あなたのお心がよくわかった）。況《いわ》んや驚憂《きょうゆう》やまず（私も驚きかつ心配している）。これを往古《おうこ》に開き、これを今時《こんじ》に見るに（昔も今も）未《いま》だ廉潔《れんけつ》の士、能《よ》くその屋《おく》を潤《うるお》し（正しくいさぎよい人で財をなした人）直諫《ちょくかん》の人、能《よ》くその身を栄《えい》す者あらず（卒直に人を諫《いさ》める人で、栄達をとげた人はいない）。しかれどもなお、義を守る者受けず（曲ったことは受け入れない）道に順う者は正諫《せいかん》するのみ（正しく諫めることをやめないものだ）。

夫《そ》れ忠諫《ちゅうかん》して身を喪《ほろ》ぼすと、面柔《めんじゅう》にして物を利《り》すると（上役《うわやく》に忠義のつもりで諫《いさ》めてかえって自分の身をほろぼすのと、うわべでは認め順《したが》うふりをして自分の身を保持するのと）斯《こ》の二者は誰《いず》れをか捨て誰れをか取らん（そのどちらを取るべきか）。取捨《しゅしゃ》の間、人心の赴《おもむ》く所ならんのみ（どちらを取るかは人それぞれであろう）。骨肉《こつにく》の親《しん》といえどもなお身を喪《ほろ》ぼし門を喪ぼす（近い親戚でも、人を諫めるのは難しく、そのために自身や一門を喪ぼすことにもなる）。いかに況《いわ》んや疏遠《そえん》に於《おい》てをや（まして赤の他人の場合はなおさらである）。直諫《ちょくかん》の貴ぶところは蓋《けだ》しその悪を変じてその善に順《したが》わしむるにおけるものか（しかし、人を諫めることは、その人を悪から善へ向けるということでまことに貴いことではある）。

又、大士《だいし》（菩薩）の用心は、同事《どうじ》これ貴し（立派な人間の心がけとして、世間に同じて事をおこなうというのが貴いとされている）。聖人の所為《しょい》も光を和《やわら》げ物を利す。しかずしばらくその塵《ちり》に同じて其の足を濯《そそ》がんには（仏教でも菩薩のような人は、自分の光をおさえて人々のためにはたらくのです。あなたも塵に同ずる気持を発《おこ》して上役《うわやく》の足を洗ってあげるのがよい）。

もし流蕩《りゅうとう》して遂に還らず、諷《いさめ》を聞いて疾《にく》むこと敵の如くならしめば、彼己《ひき》に益《えき》なし、現未《げんみ》の損《そん》あり、あに翼《つばさ》を奮《ふる》って高く翔《かけ》り、鱗《うろこ》を払って遠く逝《い》くにしかんや（もしそれでも放蕩《ほうとう》をあらためずあなたの諫《いさめ》を聞くどころか敵視してにくんでいるならば、あなたにとっても相手にとっても益《えき》がないし、現在にも未来にわたってもろくなことはないので思い切って職を辞《じ》するしかない）。

もし公《こう》、衣《ころも》を払って隠遁《いんとん》し、簪《かんざし》を投じて志《こころざし》を逸《やす》んずること能《あた》わずんば、託《たく》するに疾病《しっぺい》をもってし、もって外官を覓《もと》めんのみ。取捨《しゅしゃ》、去就《きょしゅう》、その義かくのごとし。これを察《さっ》せよ、これを察せよ。（もしあなたが、まだ、官衣《かんい》をぬぎすて冠のとめ簪《かんざし》をすてて職をやめて安らかになることができないならば、身体の具合が悪いとでも言って地方の官職にでも配置変えを申し出たらよい。なにしろ取捨、去就というのはまことにむつかしいものなのである。どうぞよくよくお考えあれ）。」

実に懇切丁寧な、しかも思いやりのこもったアドバイスではないか。「託《たく》するに疾病をもってし（仮病でもつかって）」などは第一級のカウンセリングのように思われる。

◇

「東寺の塔を造《つく》り奉《たてまつ》る材木を曳《ひ》き運ぶ勧進表《かんじんひょう》」

天長三年（八二六、空海かぞえ五十三歳）京都の東寺に塔を建立することを考えた空海は、この年に材木を集めた。そして十一月十九日からその運搬をはじめることになったが、人少くして功《こう》を畢《お》え難かったのである。そこで空海は国家の全体の協力によってこの事業を完成させたいと考え、次のような上表文《じょうひょうぶん》を朝廷に提出している。

「東寺。諸司等をして一材を曳《ひ》かしめんことを請《こ》う事。合して、曳くべき材二十四枝《し》

塔心材四枝

第一材　敢《あえ》てこれを指さず
　曳《ひ》くべき夫《ふ》五百人

第二材　敢てこれを指さず
　曳くべき夫四百人

第三材　春宮坊

曳くべき夫三百五十人
第四材　右大臣
曳くべき夫三百人
幢材四枝
第一材　左近衛府左馬寮　十一月二十七日
第二材　右近衛府右馬寮　十一月二十七日
第三材　左兵衛府左衛門府　十一月二十八日
第四材　右近衛府右衛門府　十一月二十八日
已上四材曳くべき各々夫《ふ》　百五十人
幢柱十六枝
第一材　太政官　十一月二十九日
第二材　中務式部両省　十一月二十九日
（中略）
第十五材　山城国　十二月四日
第十六材　林院　曳き了《おわ》る
已上《いじょう》十六材、曳くべき各々八十人

右、東寺の別当、沙門少僧都《しょうそうず》空海等奏《らそう》す。空海等《ら》聞く（中略、この文は『性霊集』巻第九、全集③、『拾遺雑集』全集③）

東寺は先帝（桓武天皇）の御願《ごがん》なり。帝四朝を経《へ》、年《とし》三十を逾《こ》えたりといえども（桓武《かんむ》・平《へい》城《ぜい》・嵯峨《さが》・淳和《じゅんな》と四代の天皇をへて三十年も過ぎているのに）しかれども紹構《しょうこう》いまだ畢《おわ》らず（予定されている建物、すなわち五重塔がまだ出来ていない）。道俗《どうぞく》（僧侶も一般の人々をも）観るものことごとく早く成らんことを願う。いかに況《いわ》んや先聖《せんせい》なんぞ御願《ごがん》すみやかに畢《おわ》ることを願いたまわざらん（桓武天皇はなおさら東寺完成の御願が成就することを願わないはずがない）。

空海等《ら》謬《あやま》って良匠《りょうしょう》に代って叨《みだ》りに御願に預《あず》かれり（私、空海らは、どうしたことか、名工でもないのに桓武天皇の御願を果す役に当ってしまった）。日夕《にちゆう》に駆馳《くち》して（時間をかけて努力して）東西に経営す（あちこちかけ廻った）。今、塔幢の材木、近く東山に得たり（京都から近い東山で材木を手に入れることができた）。僧等《そうら》今月十九日より夫《ふ》（人夫）とともに曳き運ぶ（僧侶たちが人夫の手をかりて引きはこぼうとしたが）木は大《だい》にして力は劣《れつ》、功を成さんこと、はなはだ難し。たとえば蟷螂《とうろう》の車に対《むか》い、蚊虻《ぶんぼう》の嶽《がく》を負わんがごとし（かまきりが大きな車に立ち向ったり、小さな蚊が大きな山を背負うようなもので、全く歯が立たない）。一人《いちにん》の孝恩、百官の忠心にあらずよりんば、なんぞよく先帝の御願を荘厳《しょうごん》し、広大の仏事《ぶつじ》を成就《じょうじゅ》せん（今上天皇、すなわち淳和《じゅんな》天皇の先帝、桓武《かんむ》天皇への親孝行の心と報恩謝徳の気持、そして官僚たちの忠義の心の協力が無ければ、先帝の御願を実現して、塔を建てるという大仕事などとても完成することはできない）。今のぞむらくは六衛《ろくえ》（左近衛、右近衛、左衛門、右衛門、左兵衛、右兵衛）八省《はっしょう》（中務省、式部省、民部省、治部省、兵部省、刑部省、大蔵省、宮内省）親《しん》王《のう》（天皇の兄弟、子供）京城（左京職、右京職）等をして力を勠《あわ》せ、誠を竭《つく》しておのおの曳《ひ》くこと一味《いちみ》ならしめん。但《ただ》し東西二寺の工夫をして、おのおの持ち引けらん木をもって材を按じてあい刻《きざ》ましめん（東寺と西寺の二つの寺院の工夫はそれぞれ曳いてきた材木は自分たちで刻み組み立てること）。しかればすなわち子来《しらい》の人夫雲のごとくに集り（そうすれば他の人夫たちも子が親のもとに集るように多勢が集る）塔幢の材木、不日《ふじつ》にして到りなん（五重塔の木材は、ただちに曳きはこばれるであろう）。僧等《ら》が微願《びがん》かくのごとし。天慈允許《てんじいんきょ》せば諸司に宣付《せんぷ》せよ（私たちのお願いは以上のごとくである、陛下のお許しがあれば、役所の方へお達し下さい）。

天長三年十一月二十四日」

この表には空海の深い配慮が盛り込まれているように思う。空海は自分が真言密教の道場にと下賜《かし》された東寺に五重塔を造立することは、東寺創建の願主であった桓武天皇の御願である、ということから、嵯峨上皇、淳和天皇の親孝行の実現という形にもっていき、この事業を国家の事業として実現することを申し出たのである。いまや東寺は真言の道場であるが、桓武天皇の創建にまでさかのぼらせて、桓武天皇の子であり母の異る兄弟としての嵯峨、淳和の上皇と天皇の協力を願ったのである。さらに主要な官僚のすべてを動員して材木を曳くように計画されている。

してみると表の最初の「塔心材四枝」は塔の心柱となる最も重要な四本の材木であり、第一材は「敢《あえ》てこれを指さず」とは現職の淳和天皇を指し、第二材は嵯峨天皇、そして第三材は春宮坊つまり皇太子で嵯峨上皇の親王《しんのう》ののちの仁明天皇を指しているのだと考える。

天皇や上皇に木を曳いてもらうなどは決してあり得ないことだが、桓武天皇への孝行と報恩のため、という意味ならば、世間は十分納得するであろうし、天皇も上皇も喜んで参加されるであろう。恐らく数メートルの短い間、綱を手にして歩かれただけであろうが、工事の意味ではまことに大きなものになった筈である。空海の配慮は決して無理なことを考えるのでなく、深いヨミをはらんで、しかも道理にかなっているので、皆が納得せざるを得ないのである。こうして東寺の塔は官民一致の協力によって完成することができた。ちなみに現在の東寺の五重塔は、江戸時代、三代将軍家光の寄進による、という。

◇

『文鏡秘府論《ぶんきょうひふろん》』(全六巻)の序文

弘仁十年(八一九、空海四十六歳)の頃の事と思われるが、高野山に留住《るじゅう》していた空海は『文鏡秘府論』六巻を撰述した。これは空海の文章論、詩論であるが、内容の大部分は中国の古典からの名文を紹介し編纂したものである。しかしその構成は極めて巧みであり文章家としての空海の面目がうかがえる作品で、わが国の上代における最高の権威を持つという定評がある。そして翌弘仁十一年にはその略本として『文筆眼心抄《ぶんぴつがんしんしょう》』一巻を著作している。これらの作品には、空海の、文章に対する高い見識が示され、同時に中国の名文が極めて広く引用されていることで価値が高いのである。いま『文鏡秘府論』の序文を紹介しておこう。（全集③）

「金剛峯寺《こんごうぶじ》、禅念《ぜんねん》の沙門《しゃもん》、遍照金剛撰《へんじょうこんごうせん》、それ大仙《だいせん》（仏陀）の物を利《り》するは名教《めいきょう》を基《もと》と為《な》す。君子の時を済《すく》うは文章これ本《もと》なり。故《かるがゆえ》に能《よ》く空中塵中《くうちゅうじんちゅう》に本有《ほんぬ》の字を開き（密教の立場では、すべての事象の中に、本来的にあらわれている大日如来の徳を見取る）、亀上龍上《きじょうりゅうじょう》に自然の文を演《の》ぶ（堯帝《ぎょうてい》の時に大きな亀の甲の上に文字があらわれ、舜帝《しゅんてい》の時に竜の背に絵が画《えが》かれていた、という中国の故事）。時変《じへん》を三曜《さんよう》（日、月、星、総じて天文）に観《み》、化成《かせい》を九州《くしゅう》（地理）に察するがごときに至っては、金玉・笙簧《きんぎょくしょうこう》（中国の古書、三墳《さんぷん》・五典《ごてん》）その文を爛《てら》して黔首《けんしゅ》（人民）を撫《な》で、郁乎《いやこ》たり煥乎《かんこ》たり（文物がさかんですばらしい）。その章を燦《あきらか》かにしてもって蒼生《そうせい》（人民）を馭《か》らん。しかればすなわち一《いち》は名の始《はじめ》たり、文はすなわち教の源《みなもと》たり。名教をもって宗とすれば、すなわち文章は紀綱《きこう》の要《かなめ》たり。世間《せけん》と出世《しゅっせ》（出世間、仏教）とたれかよくこれを遺《わす》れんや」

これを筆者の拙《まず》い現代語にすれば、

「仏陀が人々を救済し利益を与えるのは、その根本にことばによる教えがあるからである。同様に君子《くんし》が人々を救済する根本には立派な文章があるからなのだ。だから仏教の真理も虚空をはじめあらゆる所に仏陀の文章としてあらわれ、また中国の故事にも、堯・舜という理想的な天子の時代に、亀の甲や竜の背に文字があらわれて正しい教えが示された、と伝えられている。さらに大きな事件や時代の動きを天文の変化で察知したり、地理の変動や世の流れを予測したりできるのは、基《もと》になる教えが、文章として説かれてあるからで、世の指導者たちは、それによって人々を指導しそのおかげで世は栄え、文化も向上していくのだ。こう考えると一《いち》はことばの基点であり文章は教えの本源である。立派な教えが最も肝心だとすれば、その教えをあらわす文章こそ最も大切だということになる。そして仏教においてもそれ以外の場合でも、文章を重要視することを忘れてはならないのである。」

これから空海は経典の文や孔子の言《げん》を引用して文章の重みを説き、「文章の義、大《だい》なる哉《かな》、遠い哉《かな》」という。続けていう、

「貧道《ひんどう》（私、空海）幼《よう》にして表舅《ひょうきゅう》（母方のおじ、阿刀大足《あとのおおたり》）に就《つ》いて頗《すこぶ》る藻麗《そうれい》（文章学）を学びき。長《ちょう》じて西秦《せいしん》（中国）に入りて粗々《ほぼ》余論を聴く。然《しか》りといえども志禅黙《もだし》に篤《あつ》くして（僧侶の修行がいそがしくて）此の事を（文章の道）屑《こまか》くせず。爰《ここ》に一多《いった》の後生《こうせい》（後輩）あり、閑寂《かんじゃく》を文囿《ぶんう》に扣《たた》き、詞華《しか》を詩圃に擡《と》る。音響黙《もだ》し難《がと》うして巻《かん》を函杖《かんじょう》に抜《ひら》く（要望の声が大きく無視できないので書物を作った）」

と。すなわち文章を学びたいという者たちの希望に答えて、諸家《しょけ》の格式《きゃくしき》等を閲し、その重複《ちょうぶく》を削《けず》り要枢《ようすう》を撮《と》ってこの論を造るのだという旨《むね》を述べている。

空海は、人間の生活と言語・文章とは、極めて重要な意味で結ばれている、と考えている。したがって空海自身の生涯は仏道の究明に全力をかたむけているが、文章論も仏道と一連のものとして重視している。後の作と考えられる『声字実相義《しょうじじっそうぎ》』において声《しょう》（言語）と字（空海は六塵《ろくじん》ことごとく文字《もんじ》なり、といって色声香味触法《しきしょうこうみそくほう》すなわち表現する一切をすべて文字とみなす、きわめて広い理解をしている）と及び実相《じっそう》との間に深い関係のあることを指摘していることでも、十分に知ることができる。つまり文章と現実との特殊な関係を十分に認め、文章によって理想が樹立され、その理想によって現実が変化させられる、と考えており、この関係をはなれては、一切の教えはなり立たない、としているのである。

◇

○次韻《じいん》の詩

恐らく弘仁五年（八一四、空海かぞえ四十一歳）の早春のことであると思われるが、高雄山寺（神護寺）に住む空海のもとへ沢山の綿が嵯峨天皇より届けられた。その贈物に添えて次のような詩があった。

綿を贈って空法師《くうほっし》（空海のこと）に寄《よ》す

閑僧久住雲中嶺（閑僧《かんそう》久《ひさ》しく住《じゅう》す雲中《うんちゅう》の嶺《みね》）
遥想深山春尚寒（遥かに想う深山《しんざん》春なお寒からんと）
松柏料知甚静黙（松柏に料《はか》り知る甚《はなは》だ静黙《せいもく》なるを）
煙霞不解幾年飡（煙霞《えんか》を解《と》かずして幾年か飡《さん》する）
禅関近日消息断（禅関近日《ぜんかんきんじつ》消息《しょうそく》断《た》えたり）
京邑如今花柳寛（京邑《きょうゆう》は如今《いま》花柳《かりゅう》寛《ひろ》やかなり）
菩薩莫嫌此軽贈（菩薩嫌《きら》うこと莫《なか》れ此の軽贈《けいぞう》を）
為救施者世間難（救うことを為《な》せ施者《せしゃ》の世間の難を）

この嵯峨天皇の御製《ぎょせい》は、初めに春なお寒い山寺で閑居《かんきょ》（一人で住んでいる）する空海を遥かに想い、霞《かすみ》立つ静けさの中で幾年過したことかと尋ねている。次に、しばらく消息が絶えたがいま京都の街々には花柳が寛《ひろ》やかにほころんできたことを述べ、終りに、贈物はわずかであるが施主たる自分の気持を汲んでほしい、というものであろう。

これを受けて空海は感激し返書《へんしょ》をしたためた。いわく、

「**沙門《しゃもん》空海言《もう》す。今月一日内舎人《うちとねり》**（官名か）**の布勢の海至《あまいた》って聖旨《しょうし》を奉宣《ほうせん》す。空海に一百屯の綿を恩捨《おんしゃ》し、兼ねて七言の詩一篇《ぺん》を賜《たま》うと。謹《つつし》んで鴻沢《こうたく》**（大きな恩恵）**に奉対《ほうたい》して心神悦焉《しんしんこうえん》たり、喜謝するに地《ところ》なし**（気持が動転して何と感謝してよいかわからないほど）。——後略——」

そして御製の韻《いん》をそのまま使って詩を作り添えていわく、

方袍苦行雲山裏（方袍《ほうぼう》〔袈裟〕苦行す雲山の裏）

風雪無情春夜寒（風雪《ふうせつ》無情にして春夜《しゅんや》寒し）

五綴持錫観妙法（五綴《ごてつ》〔僧の持物である鉢〕錫《しゃく》を持《じ》して妙法を観じ）

六年蘿衣啜蔬飡　（六年蘿衣《らえ》して蔬飡《そさん》を啜《くら》う）
日与月与丹誠尽　（日に月に丹誠《たんせい》を尽す）
覆瓫今見堯日寛　（覆瓫《ふくぼん》〔愚かな私、空海自身〕は今見る堯《ぎょう》日《じつ》の寛《ひろ》やかなるを）
諸仏威護一子愛　（諸仏威護して一子《いっし》の愛あり）
何須惆悵人間難　（何ぞ人間《じんかん》の難に惆悵《ちょうちょう》とするを須《もち》いん）

詩の前半は山寺の状態を報告したもので、春浅い山寺を訪れる風雪はなお寒く、粗衣粗食《そえそじき》のうちに妙法を観念しつつ、もう六年が過ぎました、と述べ、次に天皇の恩恵の寛《ひろ》いことをたたえ、最後に、世間の難を救えという天皇の心に答えて、御仏《みほとけ》は総《すべ》ての人々を独り子のように愛しておられるのだから、なにもこの世の難（非難）に惆帳《ちょうちょう》とされる（気にかける）には及ばないでありましょうと結んでいる。

先に挙げた「離合《りごう》の詩」といい、この「次韻《じいん》の詩」といい、空海の漢詩づくりの力量の確かさを遺憾《いかん》なく示していると思う。

○自然を愛《め》でる情緒豊かな心情

文章力のすぐれていること、詩作の力量の確かなことを示したついでに、空海の持っている心の豊かさについて述べておこう。

かねて空海と親交のあった良岑安世《よしみねのやすよ》が、高野山にこもって京都に降りてこない空海に対して書簡を送り、そのような山の中の生活に何の楽しみがあるのか、早く戻っておいでなさいと伝えたのに、空海は、いやこちらの生活もまことに意義深い日々である、と返信している。いま「山中に何の楽《たのしみ》かある」（『性霊集』巻第一（全集③））を挙げてみよう。

「山中に何の楽かある。ついに爾《なんじ》永く帰ることを忘れたり。一の秘典、百《もも》の衲衣、雨に湿《うるお》い雲に霑《うるお》うて塵とともに飛ぶ。徒《いたず》らに飢え徒らに死して何《いずれ》の益《えき》かある。何れの師かこの事を以て非なりとせん。（山中にいて何の楽しいことがあるというのか。あなたは京へ帰ることを忘れてしまったようだ。経典や衣がそんなによいのか、雨や雲ですぐダメになってしまうではないか。無駄に飢えたり死んだりして何の益になるのか。どのような師だってそういうに違いない、という趣きのたよりを頂いた。これについてお答えしよう。）

君見ずや、君聴かずや、摩竭《まか》の鷲峯《じゅぶ》（中印度のマガダ国の霊鷲山《りょうじゅせん》）**は釈迦の居《こ》。支那の台嶽《たいがく》**（中国の五台山《ごだいさん》）**は曼殊《まんじゅ》の廬《ろ》**（文殊菩薩のいおり）**なり**（あなたもすでに御存知のように、釈尊は霊鷲山という高山に住まわれ、文殊菩薩も五台山という山中に住んでおられた）。

我をば息悪修善《そあくしゅぜん》の人（沙門、修行者）**と名づく。法界《ほっかい》を家として恩を報ずる賓《ひん》なり**（この世界全体を家とし、仏恩に報いることを使命として生きているのである）。天子は頭《こうべ》を剃って仏駄《ぶつだ》に献《けん》じ（烏荼国の国王であった善無畏は王位を棄てて出家し）、耶嬢《やじょう》は愛を割《さ》いて能仁《のうにん》に奉《たてまつ》る（父母の愛をすてて釈迦に帰依した）。家もなく国もなし、郷属《きょうぞく》を離れたり（故郷や親戚も棄ててしまった）。子にあらず臣《しん》にあらず（家を継ぐものでなく、主君につかえる家来でもない、自由の身である）。孑《ぼっ》として貧に安んず（孤独で貧しく過している）。澗水一杯《かんすいいっぱい》、朝《あした》に命《めい》を支え、山霞一咽《さんかいちいん》、夕《ゆうべ》に神《しん》を谷《やしな》う（谷川の水を飲んだり霞《かすみ》を飲んだりしながら毎日を過している）。懸羅細草《けんらさいそう》、体を覆うに堪えたり（つたや草を身にまとい）。荊葉杉皮《けいようさんぴ》これわが茵《しとね》なり（つたの葉や杉の木の皮を敷いて寝床とする）。意《こころ》ある天公《てんこう》、紺の幕を垂れたり、竜王篤信《りゅうおうとくしん》にして白き帳《とばり》陳《つら》ねたり（自然の中で貧しく過している私のために、天は紺色の幕、青空を垂らせてくれるし、竜神は篤い信頼を含めて真っ白な雲の幕をたなびかせてくれる）。山鳥《さんちょう》、時に来《きた》って歌一《うたひと》たび奏《そう》し、山猿《さんえん》、軽く跳《おど》って、伎《ぎ》、倫《ともがら》に絶えたり（時には鳥が美しい歌声を聞かせてくれるし、あるいは猿たちが木の枝をとびはねて、人間ではまねのできないような軽技を見せ、私の心をなぐさめてくれる）。春の華、秋の菊、笑ってわれに向い、暁の月、朝《あした》の風、情塵《じょうじん》を洗う（春には花が咲き、秋には菊が咲いて私をむかえてくれるし、暁の月、朝の風は私の心を洗ってくれている）。一身《いっしん》の三密《さんぴつ》は塵滴《じんてき》に過ぎ、十方法界《じっぽうほっかい》の身《しん》に奉献《ぶこん》す（私の身に本来そなわっている如来と同等の身《しん》と口《く》と意《い》のあらゆるはたらき作用はこの宇宙に遍満《へんまん》し、同じくこの世界に遍満している法身《ほっしん》、大日如来に捧げられ、私と大日との一体感が成立する）。一片《いっぺん》の香煙《こうえん》、経一口《きょういっく》、菩提の妙果《みょうか》、以《も》って因《いん》とす（一片のお香を焚き、一巻の経典を読誦すれば、これが悟りへと直結してくる）。時花一掬《しけいっきく》、讃一句、頭面一礼《づめんいちれい》して丹宸《たんしん》を報ず（季節の花ひとにぎりを供え、讃一句を読んで、頭を地につけて朝廷への感謝を思う）。八部《はちぶ》恭恭《きょうきょう》として法水《ほうすい》に潤い、四生念念《ししょうねんねん》に各真《かくしん》を証《しょう》せん（仏法守護の天竜八部衆たちも仏の教えの功徳に潤い、生きとし生けるものすべてが各々さとりを証するであろう）。慧刀揮斫《えとうきしゃく》して全き牛なし（さとりの智慧の刀で煩悩を断つことは、あたかも腕のよい料理人が、牛を料理してあとかたもなくなるようである）。智火《ちか》わずかに放って灰留《はいとど》まらず（さとりの智慧の火で煩悩の薪《まき》を焼き尽くせば、灰さえ残らない）。不滅不生にして三劫《さんごう》を越えたり（不生不滅の境地に至って、あらゆる妄執《もうじゅう》、煩悩を越える）。四魔《しま》、百非《ひゃっぴ》憂《うれ》うるに足らず（山中に住んでこういう境地になれば、世間で恐れられている諸々《もろもろ》の悪しきことどもや、一般に尊とばれている否定の極地などはすでに問題にもならず、）大虚寥廓《たいこりょうかく》として円光遍《あまね》し（心境はあたかも大虚空のごとく広大無遍となり、大日如来の大慈悲の光明があまねくかがやきわたる）。寂冥無為《じゃくめいむい》にして楽みならざるや否《いな》や（こうした静かにしておだやかな境地にひたっていられるとすれば、これを楽しみといわないで何と呼べばよいのであろう）」

空海のこうした深い心をもってすれば、さびしくて不便でどうにも堪えられないと思われる山中の生活も、実に風趣《ふうしゅ》に富んで潤いのある生活であり、まして真実を求める求道の身としては大日如来を求める最高の場所となるのである。それにしても青空に漂う白雲を、青と白の幕を引いたと表現し、鳥の声、猿の姿を歌謡大会やサーカスの舞台に見立てるなどは、空海の感受性の豊かさと情緒の深さを示すよい証拠であろう。

十三、空海と外国人との交渉

空海が真言宗の開祖であると同時に、国際的な文化人であったことは広く知られている。三十一歳から足かけ三年の入唐《にっとう》体験を中心として、空海の生涯には、常に多くの外国人がかかわっていたのであり、従って、その思索や思想体系も、常に日本人であると同時に、人類に広く妥当《だとう》する価値を求めているのである。十住心思想にしてもマンダラ思想にしても、広く人類全体の受け皿としての法身大日如来の探求なのである。こうしたところを作家の司馬遼太郎氏は次のように評している（江崎博士との対談）。

司馬「私が空海の話をこの対談の冒頭に持ち出したのはなんでもなくて、日本人の歴史のなかでいろんな人物がいて、空海というまれな普遍的存在を他の人物と比較したかったからです。たとえば、極端な例は西郷さん、これは日本の西郷ですね。人類の西郷じゃない。本居宣長《もとおりのりなが》も日本の本居宣長であり、聖徳太子も日本の聖徳太子である。（中略）ですが、空海だけが人類に通用する。（中略）なぜかというと、自分は人類の普遍的なものを知っている、宇宙の普遍的なものを知っている、という考えでしょう、……つまり「日本の何々」などは考えなかった。……彼は人類の次元以外は考えなかったと思います」

江崎「非常にインターナショナルなんですね」

司馬「それ以後はだめなんです。それ以前もあまりない。空海がただ一人の存在でしょう。文化人だけでなく、政治家も含めて〈人類の〉と名づけられるただ一人の人です」

（司馬遼太郎対談集『日本人の顔』四一頁）

さて、空海の各種の著作に見られる外国人の名前は二十四名にのぼるが、いまこれを年代順に採り上げて説明を加えてみよう。

（1）閻済美《えんさいび》

『続日本後紀』巻一二及び『御請来目録』によれば、延暦二十三年七月六日肥前田浦《たのうら》から遣唐使船四隻が同時に出港し、遣唐大使である藤原葛野麻呂《ふじわらのかどのまろ》と空海の乗った第一船は、暴風のため帆柱を折られ舵を失い、三十四日間の漂流ののち福州赤岸鎮あたりの海岸に到着した。丁度その頃この福州の観察使兼刺史として任命されていたのが閻済美であった。彼は、遣唐大使の差出した再三の手紙を無視し、一行が遣唐使であることを信用しなかったのである。大使の依頼を受けた空海は、大使に代わって書状をしたためて提出すると、閻済美は、一見して、その文章のみごとさと、字のすばらしさに驚いて、態度を一変させ、一同を手厚くもてなしてくれたという。念のために加えれば、この書状は、長安の朝廷に直ちに届けられ、その結果、朝廷の周辺では、空海の長安到着以前に、日本から有能な青年僧が密教を学びに来唐したことがかなりの噂になっていたに違いない。特に青龍寺の恵果《けいか》は、内供奉《ないぐぶ》の僧であったから、空海入唐の報は、最も早く耳にしていたであろう。後に、空海がはじめて恵果に会った際に、「私は貴方が来るのをずっと以前から待っていたのだよ」と初対面の空海に告げた理由もここにあると思われる。

さて、書道や文章の能力にかなりの力を持っていたのであろうか、閻済美は、空海を長安に行かせず、しばらく自分のところへ留めて置きたいと思ったのであろう、入京の許可名簿の中に空海の名前が無かったのである。驚いた空海は直ちに閻済美に宛てて、自分も遣唐使の一行と共に長安に行きたい旨の書状を提出し、ようやくその許可がおりたというエピソードもある。

(2) 恵果和尚

結果的にいえば、空海の入唐の成果は、恵果和尚に出遇い、密教の正嫡としての地位を与えられたことに尽きるのである。空海が恵果和尚のもとにいたのはわずか六ヶ月間に過ぎなかった。

この間に伝法潅頂《でんぽうかんじょう》等の大法を授けられ、梵漢の経論を学び、和尚も空海のために多くの名工を使って曼荼羅を画《か》かせたり数々の密教法具を造らせ、さらに多くの写経生を使って写経させるなど、空海に正法を伝えるために大きな努力を傾けてくれた。従ってこの短い半年間は、空海の生涯にとって最も感激的な日々であったに違いない。

若き日に『三教指帰《さんごうしいき》』を著作して諸経の中での仏教の地位を明らかにして以来、空海がただ一筋に求めたものは、仏教の真髄となるべき教えであり、その真髄こそ、恵果和尚から授けられた密教であった。

そして空海が付法を終り、学ぶべきものは学び、密教に嫡々相承されてきた付嘱物を受け終ると同時にこの年の十二月十五日、恵果和尚は、青龍寺の東塔院においてこの世を去ったのである。これはまことに不思議な事実である。名も無い日本の一青年が正法を求めて入唐した丁度その時に、大唐皇帝の国師であり密教の正嫡である阿闍梨《あじゃり》が、大法を授けるべき人物を探し求めていたのである。そしてすべてを惜しみなく授け終るや、やがて入滅してしまうのである。空海はこれを、どうしても偶然の出来事とは思えなかった。この感激を込めて、空海は、『恵果和尚の碑文』を撰している。

（3）呉殷《ごいん》

恵果和尚の遷化に遇った遺弟たちは、翌元和元年（唐暦）正月十七日に、和尚の遺身を城東に葬った。この時に逸人の呉慇は、「恵果和尚行状」という一文を撰した。この文中に和尚が空海を高く評価している旨が書かれてあり、空海は後に『付法伝』の恵果和尚の項にこれを引用している。つまり、この『行状』は、恵果和尚の後継者としての空海の位置を客観的に示していることでまことに重要である。

（4）般若三蔵

空海の留学生としての生活の本拠は西明寺《さいみょうじ》に置いたが、恵果和尚と出逢うまでの四ヶ月と、出遇ってからの六ヶ月というものは、長安城中をめぐり歩いて、多くの人々の教えを受けている。特に空海は密教を学ぶのに不可欠の梵語を学ばねばならなかった。それにはインド僧の先生が必要である。そこで空海はインド僧の般若三蔵に従って梵語を学んでいる。

恵果和尚が入寂した翌年正月、帰国したいと決意して、丁度来唐した遣唐使、高階真人に差し出した書状に、「草履を著けて城中を歴《へめぐ》るに、幸い、中天竺国の般若三蔵及び内供奉《ないぐぶ》恵果和尚に遇いたてまつる。膝歩《しっぽ》し接足してかの甘露を仰ぐ」と記しているところからもこのことがわかる。

又、『付法伝』の中で、第四祖である龍智阿闍梨についての項で、「長安の醴泉寺に於いて般若三蔵及び牟尼室利三蔵、南天竺の婆羅門等の説を聞くに、この龍智阿闍梨はいま南天竺に見在して秘密法等を伝授す」などと述べていることからみても、空海は在唐中に多くの人々から仏教についてのはなしを聞いていたことがわかる。

さらに『御請来目録』によれば般若三蔵は東海の日本を訪れて仏法を弘めようと願っていたのだが志を果たせず、長安で出遇った空海に、自分が翻訳した『華厳経』、『大乗理趣六波羅蜜多経』、『守護国界主陀羅尼経』などを伝えたのである。そして、どうか早く日本に帰って人々を救済してくれるようさとしたという。

(5) 牟尼室利三蔵

先に挙げた『付法伝』の龍智阿闍梨の項に見られるように、牟尼室利師にも空海は教えを受けているのである。

(6) 澄観師

『十住心論《じゅうじゅうしんろん》』や『秘蔵宝鑰《ひぞうほうやく》』を一読すれば明らかなように、空海は自身の思想体系を構成するに際して、華厳宗の教学に大いに注目しているのである。十住心思想では華厳宗のめざす住心を「極無自性心《ごくむじしょうしん》」として第九の住心に位置させ、顕教《けんぎょう》の最高位とみなしていることからはじまって、即身成仏《そくしんじょうぶつ》思想の宣揚には、六大体大説を用いて華厳の法界縁起、重々無尽、相即相入の理法を生かしているし、この他、重要な部分で、華厳教学を応用しているのである。勿論、華厳宗はあくまで顕教であって、真言密教の一部を形成しているに過ぎないのであるが、華厳教学に大いに興味を持っていたことは否定できないのである。

さて、空海の入唐中に中国の華厳学の代表と目されていたのが清涼大師澄観であった。澄観は賢首《げんじゅ》大師の後継者として大いに華厳を弘通していた中国仏教界の一方の雄であり、恵果和尚とも極めて親しくしていた筈である。空海の記録には澄観師との出遇いについて誌したものは無いが、『御請来目録』の中に、澄観著の『華厳経疏』三十巻があることや、空海の思想と華厳教学との深い関係からしても空海と澄観師とは親しい交流を持っていたと考えられるのである。

(7) 華厳和尚神秀

空海は帰国を許されたために長安に別れを告げて越州まできたところで、華厳和尚の神秀という人物から『金獅子章』並びに『縁起六相円融義』を取得した。このことは『高野大師御広伝』、『弘法大師行化記』に見られる。彼がどのような人物なのか詳細は不明であるが、この二部の書物は、『御請来目録』に記載されている。

(8) 越州の節度使

御帰国の途中で越州に立ち寄った空海は、そこで四、五カ月を過していると思われる。この間にも、広く唐の文化を日本に伝えようとして、空海は「越州の節度使に与えて内外の経書を求むるの啓」(『性霊集』五)を記している。内外の経書とは、仏教及びそれ以外の経書という意味である。かなりの長文であるが、その要を述べれば、まず「日本の求法沙門空海啓《もう》す」と書きはじめ、およそ法教というものは世を済《すく》う大道であるが、その興《おこ》るか廃するかは、時と人とに依ることを述べ、第二段では、日本の僧俗は法教を求めており、自分は留学生の使命を果たすため努力してきたこと、そして今はまさに法教の行なわれるべき時であることを述べ、第三段では越州の節度使の広徳なることを歎じ、まさに節度使こそ法教を興する人であるといって援助を請うている。そして次のように結んでいる。

「法教が流れるか塞《ふさが》るかは、只あなたにかかっています。儒教・道教・仏教の経典や論疏をはじめ伝記・詩賦・碑銘・卜医《ぼくい》などすべての学問に関する書物をなんでも結構ですから日本に持ち帰らせて下さい」。

留学生の使命は二十年間在唐することであったにもかかわらず、わずか足かけ三年で帰国しては闕期《けつご》の罪を犯すことになる。空海はかねてから、面識のあるこの節度使に、懸命に協力を懇願している。こうした空海の文化摂取の努力にもかかわらず、留学期間を勝手に縮めたことは、空海の生涯を通じての負い目になるのであって、帰国後に於て、反対者からの恰好の非難の材料になるのである。

（9）青龍寺義操

長安出発に際して空海は義操に対して留別の詩を贈っている。この詩から、空海と義操との親しい交友関係が想起されるのである。なお詩は本書別項に挙げてある。

（10）朱千乗

長安を発《た》つ空海に前試衛尉寺丞である朱子乗は詩ならびに序を贈っている。その序に言う、「日本の三蔵空海上人」は「梵書を能《よ》くし、八体に工《たくみ》なり。『倶舎《くしゃ》』を繕《よく》し三乗に精《くわ》し。去秋にして去り今春にして往く。掌を反す雲水の如く、扶桑は夢の中なり。他方（他方世界）の異人、故国の羅漢ならん。けだし凡聖もって測り識《し》るべからず、また智をもって知るべからず云々」。空海がいかに彼等に尊敬され、したわれていたかがわかるのである。

（11）越府の郷貢進士である朱少端、（12）大唐国の沙門である曇清、（13）同じく鴻漸からも留別の詩を贈られている。

(14) 鄭壬（字は中甫）

やはり帰国する空海に詩を贈っているがその詩の後半の部分に言う。

「雁塔《がんとう》、殊城に帰り、鯨波、巨津を渉る。他年、僧史を続けば、さらに一賢人を載せん」と。

まさに空海青年が仏教史上に名だたる名僧に成長するのを見抜いていたことになるであろう。

(15) 剣南の惟上と (16) 泉州の別駕である馬聡

弟子の真済の撰したと思われる『性霊集』の序文に、空海は在唐中に惟上という人物に離合の詩を作って示したとある。その詩は本書の前項に挙げたのでここでは省く。

この詩を受けた惟上は、これを泉州の別駕馬聡に示した。馬聡はこれを見て驚き、同じく離合の詩を作って空海に贈ったのである。これもまた本書前項参照。

これらの事柄は、異国の青年僧である空海が中国の文字を自由に駆使するのを見て、中国の文人たちが驚異の眼をもって空海に接していることを物語っている。

(17) 昶法和尚

彼も空海と唐で知り合い、親交をもっていた人物と考えられる。『性霊集』によれば、空海は彼の寺を訪れて「唐に在りて昶法和尚の小山を観る」と題した詩を贈っている。

看竹看花本国春　（竹を看《み》、花を看《み》れば本国の春なり）
人声鳥哢漢家新　（人の声、鳥の哢《さざめき》ありて漢家《け》新たなり）
見君庭際小山色　（君見るや庭際の小山の色）
還識君情不染塵　（還りて識《し》る君の情の塵に染まらざることを）

⒅ 如宝

『日本後記』に弘仁三年秋七月、封戸五十烟を唐招提寺に施入されたとある。その際の住職であった如宝のために空海は奉謝の表を代筆している。彼は鑑真和上と共に来日し、和上入寂後は唐招提寺をあずかっていたのである。『日本後紀』には、「大国の風あり、よく一代の壇師に堪うる者なり」と記されており、六十数年の間、わが国に滞在して弘仁六年正月に寂している。空海とも極めて親しい間柄であり、空海はなにくれとなく世話していたのである。

如宝から書を依頼されていたが約束を果たせず、催促されたのに対して、すぐに書いて送ると述べた返書が『高野雑筆集』上巻にみられる。

(19) 豊安

『性霊集』巻八に残る空海の達嚫文によれば、承知元年二月十一日、すなわち、入定の前年であるが、唐招提寺の法統の律将某が、八十歳を迎えた長老でありながら、弟子と共に『大般涅槃《だいはつねはん》経《ぎょう》』等百二十七巻を書写し、百僧を屈して一乗を講読したのである。空海はその法会に参列し、この長老の努力をたたえて達嚫文を寄せたのである。前項の如宝は弘仁六年に入寂しており、それ以後は『戒律伝来記』の著書である豊安がこれに該当すると思われる。南都の戒律宗を代表する豊安と、空海は如宝同様、交渉を深くしていたに違いない。

(21) 新羅《しらぎ》の道者

空海は弘仁九年、筑紫の太守から、新羅の道者（道教の隠士）がわが国を訪れていることを知らされ、直ちに書状及び詩を贈り、交友関係を結んでいる。この道者は訪日の間に、高野山に空海を訪問したのである。その時に空海が作った詩が『経国集』にみられる。本書に前述してある（74頁）。すなわち、この様子から推測すると、空海は来日した外国人の、特に宗教者には、直ちに交渉を持つよう心がけているようであり、恐らく彼等を通じて、外国の宗教事情や、文化の様子などを聴取していたのであろう。

(21) 渤海国《ぼっかい》の大使、王孝廉《おうこうれん》
弘仁五年九月に来朝した王孝廉は、わが国に貢物を献じ、翌年の正月二十二日に帰途についた。京をはなれる大使に、空海は十九日付で、書状を出している。

(22) 開元寺の寺王、恵淹、(23) 青龍寺の義真、(24) 同じく義舟(これも本書の前項に挙げたがあえて誌す)

『園城寺文書』の中に天台宗の円珍法師(のちの智証大師)の入唐記録がある。それによると、円珍師が在唐中に、開元寺の寺主の僧で恵淹という人に出会ったところ、「五筆和尚はお元気ですか」とたずねられたという。これについても本書に述べてある(111頁)。

以上空海の文章に名前が残っている外国人を列挙してみたのだが、実際にはまだまだ多くの人々と交流があった筈である。

長安で書道や文章法を習った人々、マンダラや仏画仏像の制作にたずさわっていた人々、筆の製法を伝授してくれた人、土木技術を教授してくれた人、特に空海の伝法潅頂等に立会って供養を受けた五百の僧侶たちなど、知識欲と行動力に富んだ空海からすれば、在唐中に知り合った人々はまさに枚挙にいとまないほどであろう。さらに帰朝後でも、外国人の来訪者には特に敏感にアンテナを張って注意しており、来日すれば直ちに連絡を取っていたようであるから、帰国後に交渉を持った外国人の数も、実際にはかなりの数にのぼると考えられるのである。まさに国際的な文化人としての空海としては当然でもあろうが、当時としては驚嘆するほどの国際人であったことがうかがえるのである。

○〈付録〉不空《ふくう》三蔵、善無畏《ぜんむい》三蔵、一行《いちぎょう》阿闍梨との関係

本論では、空海が生涯の中で直接に出会ったり面授を受けた外国人について述べたのであるが、直接出会わなかったけれども空海の思想の構成に極めて大きな影響を与えたと思われる不空、善無畏、一行という三名の列祖について一言しておかねばならないと考えるのである。なぜならば、この三師は、いずれも空海の入唐より先に入滅しているけれども、不空（七七四年寂）、善無畏（七三五年寂）、一行（七二七年寂）というように時代的に極めて空海に近い人々であり、しかも思想的影響が甚大だからである。以下に付録として、この三師と空海との思想上の関係を極《ご》くかいつまんで述べてみよう。

（1）不空三蔵

不空三蔵の入滅は西暦七七四年六月十五日と伝えられており、その年は空海の誕生の年月日で

あるとする説が伝えられている。後年、空海は不空三蔵の生れかわりだといわれ、空海の誕生日を六月十五日に設定されるのもここからきている(生年については本書前項を参照して頂きたい)。

空海は入唐前は『大日経』は見ているが『金剛頂経《こんごうちょうきょう》』は見ていないのである。恵果和尚《けいかかしょう》に教えられてはじめて『金剛頂経』の中の特に不空訳の経典を見ることができたのである。日本には未伝のものであった。

さて、不空三蔵の密教経典の翻訳の特色は、金剛頂経系統の伝訳であるが、単なる逐語訳《ちくごやく》ではなくて、翻訳しながら、密教の中に、大乗仏教の、特に唯識教学の理論を導入して、密教の新しい思想体系を構成しようと意図していたことである。これによって密教に新しい理論が成立する。マンダラの意味もはっきりしてくる。空海は不空三蔵のこうした努力を正確に受け継いでいるのである。空海が唐から請来《しょうらい》した経典の九割以上が、不空訳の新訳の経典であることから見ても、空海がそれらをいかに重視していたかがわかるのである。

不空三蔵は北インドのバラモンの出身といわれるが、幼児より金剛智《こんごうち》三蔵の弟子となり開元八年(七二〇)に師に伴《ともな》われて中国に渡り同二十九年、南インドに戻って経論を求め、天宝五年(七四六)中国に再び渡って爾来、元宗・粛宗・代宗の三代の帝師となり浄影寺・開元寺・大興禅寺等に住して密教を宣揚し、経典を翻訳している。三蔵の奉答文等は『不空三蔵表制集』に集められているがその書式や表現方法は、空海が大いに参考にしていたことが読み取れる。不空三蔵については、空海は、中国に於て、師の恵果和尚からいろいろ教え語られていることもあり、空海自らの行動の様子も、不空三蔵を特に見習っているように思う。

そして教学の上では、すでに述べたように、不空訳の諸経論を通して、不空三蔵の新しい密教理論構想を敏感に読み取って、さらに一層の発展を試みたのである。不空三蔵の教学と空海との深い関係についての詳細は拙著『密教の仏身観』等を参照されたい。

(2) 善無畏《ぜんむい》三蔵と一行《いちぎょう》阿闍梨

この二人と空海との関係は、なんといっても、善無畏三蔵が『大日経』の伝訳者であることと、この二人の列祖が協力して、『大日経疏《しょ》』を作成したことに尽きるのである。

わずか二十四歳にして『三教指帰』を著作し、当時の主要な教えはすべて仏道に帰着すべきことを決定したのではあるが、仏道は極めて広大で多面的であって、その真髄がどこにあるのかいまだ明らかではなかったのである。『三教指帰』でも、「康衢《こうく》(四方八方へ通じる道)甚だ繁《しげ》くして経路いまだ詳《つまび》らかならず」と悩み『御遺告《ごゆいごう》』では、三世十方の諸仏に「われに不二を示し給え」と祈ったところ『大日経』を尋ね得たことが記されており、若き日の空海が『大日経』を得て大きな壁を乗り越えることができたことがわかる。さらに『大日経要文記』が空海の筆跡とすればこれは『大日経疏』のメモであり、入唐前にすでに『大日経疏』も見ていたことになる。

『大日経』と『疏』によれば、この世のあらゆる生き方（住心）は静かに観察すれば、段階がつけられること、そしてそれらすべての住心は、法身大日如来の内証に摂し尽くされることが明示されており、空海の十住心思想や曼荼羅思想の大きなヒントになっているのである。仮《かり》に『大日経』及び『疏』に出遇わなかったならば、空海の教学も大きくいまと異なっている筈である。それほど大きな影響を空海に与えているのである。

青年の空海の心中を察すれば次のようになるであろう。仏教の真髄を求め悩んでいた空海は、偶然にも『大日経』及び『大日経疏』を見ることができた。空海は熱心にこれを読破し、特に「住心品」の部分によって、今後の思索の方向づけはできていたに違いない。しかし、『大日経』は空海にとって種々の点で理解できない所があった。まずサンスクリット語が処々に引用されており、真言一つを理解するにもインドの語学を知らなくてはならない。さらに図像とかマンダラとか印契《いんげい》などが多いがこれも内容がわからない。これらの理解のために空海は入唐《にっとう》を志《こころ》したのである。ところが恵果和尚に出会って教えを受けてみると、密教にもう一つの流れがあることがわかった。これが先に述べた、不空三蔵の流れを汲んだ『金剛頂経』の教学であった。以後は、帰国したあと、空海の教学体系は常に金剛界と胎蔵界の両部で構成されているのである。

不空三蔵、善無畏三蔵、一行阿闍梨の三列祖と空海とのかかわりの大要を述べたが、時代的にいって面授はできなかったけれども、このうちどの一人が欠けても、空海教学は成立不能であると断言できるほど、空海にとって重要な人々なのである。

○まとめ

日本人・外国人も別なく交際範囲のまことに広い人であった。空海の著作中に登場する人物の名前をかぞえ上げてみるとそれがはっきり分かるのである。本稿ではこの中から外国人たちの名前を挙げて通覧し、国際的文化人であった空海の足跡を明らかにしようと考えたのである。今後の真言密教の国際化を目標に努力する私たちにとって、空海の生涯へのこうした視点も、大きな参考になるものと考えた結果である。

付録　司馬遼太郎著『空海の風景』をめぐって

問題の所在

去る平成八年（一九九六）の二月に、司馬遼太郎は惜しまれつつこの世を去ったが、亡くなったその夜のNHKテレビで「司馬遼太郎氏を偲ぶ」という特番を放送した。日頃、親交をもっていた四、五名の人びとの思い出ばなしで筆者も興味をもって視《み》ていたが、そのなかに次のようなことがあった。

司馬氏にある時、司馬さんはずいぶん作品を書いておられますが、これ一つというのを挙げるとすればどれですか、と尋ねた。司馬氏はしばらく黙って考えていたが、やがて、これ一つというのはむずかしいので、二つ挙げさせて下さいといった。そして挙げたのは、一つは『燃えよ剣』でもう一つは『空海の風景』であった。それを聞いた友人は、司馬氏の心の置き場所

がはじめてわかったような気がした、という。

『空海の風景』が出版されたのは昭和五十年（一九七五）の十月であったが、その年の芸術院賞（恩賜賞）を受賞した際の受賞理由を報じた新聞記事に、『空海の風景』を頂点とする歴史小説、と書いてあった。

これらのことを考え合わせると、『空海の風景』は作家司馬遼太郎の自他ともに許す代表作であることは間違いない。いまこの作品を取り上げて司馬遼太郎の宗教観、仏教観の一端を知ろうと思う。作品の主人公は弘法大師空海であるが、ここでは空海の生涯をどうみているか、という視点をとおして司馬遼太郎という作家の考えを知るのが目的である。

空海と真言密教

『空海の風景』は弘法大師空海という歴史上の人物の生涯をテーマにした歴史小説である。空海自身の文章やその他の記録を生かしながら、その間《かん》の空白を小説という手法で埋めていく。そこにはフィクションや著者の推測が盛られていて、読者は読み進むうちに、推測を判断できなくなって、それがいかにも空海の正確な生涯のように受け止めてしまう。しかし、全体の流れとしては、史実にもとづいているのだから、フィクションとノンフィクションの混ぜ具合が著者の腕《うで》のみせどころなのであろう。

さて本書のなかに、著者の司馬が仏教についてコメントしている箇所が上巻に二十二ヶ所、下巻に二十ヶ所もある。この数字は概算とみていただけばよいが、そのほとんどすべてが密教についてである。空海はわが国に真言密教をもたらした本人なのだから、それは当然のことといえる。ということは、著者自身がじつは真言密教というものに深く興味があり、その密教の体現者としての空海に興味をもったとも考えられる。空海をテーマにすれば、密教がまつわりついてくることははじめから承知のうえであろう。本書を通じて、著者の密教への関心が強く感じられる。もちろんいくら興味を引かれているとはいっても、真言宗に入るという意味ではない。著者は、密教という何かわかりにくい、何か普通の仏教とは異質の宗教に、できるだけ客観的にアプローチしようと試みている。

密教の起源についてはいまだ十分に解明されていないが、インドに釈尊が出世し、仏教を提唱されてからのことであろうから、紀元前五五〇年以後ということになる。そのおこりは、ヒンズー教でもなく仏教とも異なる、いわばヒンズー教的な仏教の一つとして密教は出現してきている。だから密教には、インドの神々までが、仏、菩薩にまじって自由に登場してくるし、儀式の形式はヒンズー教のそれときわめて似《に》ているところもある。こうして続いていたインド密教に、大きな転機があらわれるのは紀元後七世紀の中ごろと考えられる『大日経《だいにちきょう》』『金剛頂経《こんごうちょうきょう》』という密教経典が成立してからのことである。これらにはいずれも曼荼羅《まんだら》が説かれ、その中央には大日如来が座している。形式はそれぞれ別だが、中央にいるのは両曼荼羅とともに大日如来なのである。七世紀以前の密教の経典は、すべて修法の次第を説いたいわゆる儀軌《ぎき》といわれるもので、思想的な記述よりも、実際の儀式の手順を記すものばかりである。それに比べて『大日経』と『金剛頂経』は、あらゆる価値を網羅《もうら》してすべてを大日如来で統合しようという意図が示され、内容的にも、かなり思想性が発揮されている。

この二部の経典はやがて中国に移入されて、唐の時代に漢訳され、さらに注釈書がつくられ、それらの作業のなかで、大乗仏教の理論が応用され移入されて密教に新しい理論体系が構成されていく。『大日経』に関する善無畏《ぜんむい》や一行《いちぎょう》の努力、『金剛頂経』に関する不空《ふくう》の努力はいずれも中唐における「密教純粋化」の努力と呼べると思う。これによって密教は、従来のような加持祈祷《かじきとう》中心のいわば感性を中心とした宗教から、理性と感性、知情意《ちじょうい》のあらゆる面から人間に満足を与える宗教に生まれ変わっていくのである。しかしいまだ中国では真言宗という独立の宗派が成立したかどうかは定《さだ》かではない。密教の理論体系が完成しているとはいえないからである。

ちょうどそのころ、数《かぞ》え三十一歳の空海は入唐し、長安、青龍寺の恵果《けいか》に出会い、信頼を受けて密教を受法し(八〇五年六月〜八月)、その年の十二月十五日、恵果は六十歳で遷化《せんげ》してしまう。師の遺命にしたがって空海は翌八〇六年帰国し、わが国に真言密教がもたらされることになる。

帰国してからの空海は前記の中国での努力の方向を受けて、真言密教の体系化という仕事に取り組み、『秘密曼荼羅十住心論《ひみつまんだらじゅうじゅうしんろん》』（十巻）、『秘蔵宝鑰《ひぞうほうやく》』（三巻）、『弁顕密二教論《べんけんみつにきょうろん》』（二巻）、『即身成仏義《そくしんじょうぶつぎ》』（一巻）など多くの著作をつくり、真言密教は大成したのである。これによって真言密教はインド密教やチベット密教、さらに中国密教とも完全に異質のものに脱皮できたといってよい。たしかに修法の形式や用語のうえで密教の共通のものは引き継いでいるが、内容的にはまったく違っているといえる。

著者の司馬は、若いころから空海の著作に親しんでいた。空海二十四歳の著作『三教指帰《さんごうしいき》』を座右に置いて、明治維新の立役者たちのドロドロした人間模様を執筆して疲れると『三教指帰』を読む、すると頭がはっきりしさっぱりした、とどこかで書いているし、『空海の風景』のあとがきでも同じように述べている。そんな司馬だから、自身で知っているインド密教やチベット密教と空海の密教とがずいぶん異なっていることに早くから気づいていたにちがいない。あの明晰な頭脳をもった空海が、なんで密教と結ばれたのか。司馬が空海に興味をもつようになったのは、この疑問からではなかったか。司馬が若いころから読んでいた『三教指帰』はまだ空海が密教と出会っていないころの作品である。この作品は空海の処女作で、儒教・道教・仏教の三つの教えの帰着するところを示したもので、自分は仏教を選ぶという出家の宣言書でもある。そこで述べられている仏教とは大乗仏教であって、まだ密教ではない。後年、空海の密教に関する作品を読み進んでいくにつれて、司馬は、自分の知っているインド密教やチベット密教と空海の思想はだいぶ違う、と気づいたであろう。

『空海の風景』での著者の密教の理解は、ほとんどすべて空海の著作を通じて読んだものを紹介しているから、一般の読者が読んでもわかりやすい。インド密教やチベット密教そのままでは、中国や日本で広まるとはとうてい思えないのである。一部の新新宗教でチベット密教をなまのまま取り入れて活動しているが、結局は危険視されてしまっている。空海という人物の眼をとおった密教でなければ、密教はむしろ危険なのである。空海は、そうした密教のいたるところに楔《くさび》を打ち、危険のないよう誤解のないように注意し、人間生活に生かせるところを強調して真言宗を開いたわけである。

前述したように司馬は、密教についてのこうした経緯《けいい》を、空海の作品を通じて理解していたと考えられるが、これは一般の文学者としてはほとんど不可能なことといえる。若いときから空海に親しんでいた司馬にしてはじめて可能なのである。それでもなお司馬の真言密教の理解には不充分なところがたくさんある。それは当然のことであって、司馬の罪では決してない。むしろよくここまで読んでいる、と感心するところが多い。同様に空海の性格についての記述も、真言宗の僧侶からすれば、どうも納得しかねるところも少なからずある。司馬は空海を「したたかな」人物というが、こういういいかたは、司馬が空海に興味をもっていればこそかもしれない。どこからそういうことがいえるのか、筆者の知人でまじめに弘法大師の思想を研究している学者は司馬に質問状を出した人も二、三存在する。司馬からはお礼状がきたと言っていたが、これも作品のなかでしばしば述べているように、「これは小説なのだ」。総括していえば、現代の作家で、これだけ空海の著作を読んでいる人はない、ということだ。

つぎに作者の司馬の文章を拾いながら、密教および空海についての表現を観察してみよう。

『空海の風景』から

司馬は空海の生涯について種々の仮説を立てている。これらについて、

対岸に霞む空海像に近づくための橋のようなものを——まぼろしかもしれないが——架けてみた。たとえまぼろしであるにせよ、橋を架けねばならぬほどに空海は遠い。いまさらあらためていうようだが、この稿は小説である。ところでこうも想像を抑制していては小説というものは成立しがたいが、しかし空海は実在した人物であり、かれの時代のどの人物よりも著作が多く、さらには同時代と後世にあたえた影響の大きさということでいえば彼ほどの人物は絶無であるかもしれない。このため、かれのような歴史的実在に対しては想像を抑制するほうが後世の節度であるようにおもわれ、むしろ想像を抑制するほうが早やばやと空海のそばに到達で

きるということもまれにありうる。しかしながら抑制のみしていては空海を肉眼でみたいという筆者の願望は遂げられないかもしれず、このためわずかながらも抑制をゆるめてゆきたい。

（上巻、二五頁）

この一文に司馬の作家としての心情がよく示されている。そしてこの抑制をゆるめた仮説の部分が、空海研究者たちの心に疑問を残すのは当然であろう。

つぎに密教についての司馬のコメントを抜き出してみる。まず大日如来について、

おそらく人類がもった虚構のなかで、大日如来ほど思想的に完璧なものは他にないであろう。大日如来は無限なる宇宙のすべてであるとともに、宇宙に存在するすべてのものに内在していると説かれるのである。太陽にも内在し、昆虫にも内在し、舞いあがる塵のひとつひとつにも内在し、あらゆるものに内在しつつ、しかも同時に宇宙にあまねくみちみちている超越者であるとされる。大日如来は智慧と慈悲という二大要素でできあがっている。宇宙の原理を過酷な悪魔的なものとしてとらえず、絶対の智慧と絶対の慈悲でとらえたところに純粋密教を成立せしめた思索者の思想的性格の温かみがわかるであろう。宇宙は人間や万物に、釈迦が感じたような飢餓や老病苦死のみをあたえるのではなく、むしろかぎりなく聡明でかぎりなくいた

わりぶかいものであると、この思想の創始者たちは考えた。宇宙——大日如来——は、たえまなく万物を育成し、万物の上にその無限にひろい慈悲心を光被してやまないというのだが、この点についてのみ釈迦の思想と対比すれば、釈迦はあるいは敗北を感じていいかもしれない。さらにいえばやがてはこの思想に遭遇するにいたる空海は、釈迦と大日如来の二つの存在にはじめは戸惑ったにちがいない。しかしながらやがては、「純粋密教は釈迦教の一大発展形態ではないか」と、楽天的にそう考えるようになった。

（上巻、一二七～一二八頁）

司馬が虚構といいきった大日如来という法身仏が、三世（過去・現在・未来）を貫いて実在し、しかもその仏身が、色身（肉身）をもち、つねに説法しつづけている、というのが空海の打ち立てた仏身観である。この法身大日如来こそ、先に触れた両部の曼荼羅の中央に座し、すべての価値の原点となっている、とみるのである。こうした仏身が実在することを前提にして、私たちすべては大日如来に包摂されている、という即身成仏の思想も成り立つのである。空海の思想の根幹が、「法身説法」と「即身成仏」であるといわれるのはこの意味なのである。この大日如来を虚構というのは真言密教以外の諸宗であって、彼らにしてみれば、大乗諸宗の仰ぐそれぞれの如来以外に、法身大日などは考えられないという。司馬の論旨は真言密教ではない。しかし、作家としての努力の成果と考えれば、密教に入り込まないほうがむしろよいようにも思われる。「純粋密教は……」というのは正しい。純粋密教の大日如来は、釈尊の八十年の生涯をベースにし、核《かく》にして、その人格を宇宙大に拡大したものと考えてよいのであり、逆にいえば釈尊といえども他の諸仏とおなじく法身大日の応化仏《おうけぶつ》（身を変えた仏身）にすぎないのである。

つぎに真言密教と華厳経《けごんきょう》との関係について司馬はこういう。

インドにおいて、純粋密教を成立せしめた理論家たちが、本来低次元の宗教現象という意味で箸にも棒にもかからなかった土くさい雑密のたぐいのものを、あたかも化学反応をさせたように他のもの（純粋密教）に飛躍させてしまったそのかぎというのは、多分にこの華厳経にあった。華厳経を強力な触媒に仕立てて添加することによって、在来仏教とも土俗的な雑密ともちがった形而上的世界をつくりあげてしまったのである。

この作業に、インドの本土では何百年かかったであろう。釈迦以前のインド思想から釈迦以後をへて華厳経の成立（完成は四世紀ごろ）するまでの時間的距離を考えただけでも気の遠くなるほどの長い時間である。つづいてそれらを触媒にして純粋密教を生みだす期間だけでも百年はかかっているであろう。

無名の青年である空海が、インドからはるかに遠い島国において、縮図的ながらも偶然インドとおなじ過程をたどりつつ、わずかに七年で純粋密教へ飛躍するその基礎をつくったという

ことは、信じがたいほどのことだが、しかし事実である。　（上巻、一四〇頁）

ここで七年というのは空海が『三教指帰』を書いた二十四歳から留学生《るがくしょう》に選ばれて入唐《にっとう》するる三十一歳までのことを指している。この部分の記述は密教研究者にとっても、もっとも興味のあるところで、とくに『大日経』と『華厳経』との関係はきわめて深いと考えられ、さらに空海の十住心思想や即身成仏思想などは、司馬の指摘のとおり、華厳教学を触媒として活用していると考えられ、さらに空海の十住心思想や即身成仏思想などは、司馬の指摘のとおり、華厳教学を触媒として活用していると考えられ、司馬のするどい洞察には驚きいるばかりである。司馬はさらに『大日経』と『華厳経』の関係についても論じているが紙数の都合で省く（上巻、一四八頁）。

ここで司馬の空海像の一端を抽出する。遣唐船が難破したときの船中の空海を想像していう。

ふりかえっておもえば、空海は、思想性をたかだかと保ちつつ、しかもときに宇宙の胎内に入りうるという宗教的人格をもっていたという点で、この国の長い歴史のなかで唯一の人物であったといえるかもしれない。のちの世にあらわれる親鸞も道元も思想的性格がつよく、本来持つべき宗教的性格はその思想によって不覚なほどに透明になりすぎ、さらにざっと言えば、古代的な神秘性を失っていた。それにひきかえ空海の心は古怪さそのものであるように思える。しかも自分の奇怪さを宇宙の大きさにまで拡げてゆこうとするのだが、この人物のおかしさは、その宇宙へ拡げてゆく拡がりを一分《いちぶ》のすきもなく論理の力学で組みあわせようとしているることであった。空海は船艙の片すみにいる。しかしかれ自身はそこに居たかどうか。かれが空海であるかぎり、船艙でなく宇宙の内奥にいたはずであった。となれば、かれは船がかしぐたびに騒ぐひとびとに群れ、僧たちにまじり、声をそろえて誦経《ずきょう》することなどということをしていたかどうか。おそらくかたすみで、鉄錆《てつさび》色の衣をかぶり、小ぶりの岩のようにただ押し黙っていたと想像するほうが、かれにふさわしいように思われる。（上巻。二二一〜二二二頁）

これに関する空海像を下巻に拾えば、

日本の歴史上の人物としての空海の印象の特異さは、（中略）空海だけが日本の歴史の中で民族社会的な存在でなく、人類的な存在だったということがいえるのではないか。そのことを考えてみたい。

空海以前にも、空海以後にも、日本に仏家もしくは思想家というべき存在は多い。仏教というものが万人にとっての普遍的思想である以上、これを体得すれば精神も肉体も普遍的思想そのものに代《な》り、日本にいようがアフリカ大陸の一部落にいようが、あるいはいついかなる時代に存在しても通用してゆくはずのものであるのに、しかし日本という環境のなかでの思想的習慣がそうさせるのか、容易に人類的人間というものを成立させない。このことは、例を仏家にとらずにいっそ近世や近代の思想家の何人かを例として思いうかべれば、よくわかるかもしれない。山鹿素行も本居宣長も平田篤胤もやはり日本の何某であり、かれらをアフリカの社会に住まわせて通用させることができず、西郷隆盛も内村鑑三も吉野作造も、その時代における日本的条件のなかでかまけざるを得ず、人類的人間に飛躍できなかっただけでなく、あるいは飛躍しようとも思わなかった。そのように考えてくると、空海の存在は、この国の社会と歴史のなかで、よほど珍奇なものであったことがわかる。（下巻、一一九〜一二〇頁）

このあたりの表現は司馬の独壇場で、空海という人物の、持ちまえの性格と、その彼が手中にした真言密教という思想宗教との合致あるいは符合がよく示されていると思う。つぎに帰国後の空海が真言密教の体系をつくりいわゆる教相判釈《きょうそうはんじゃく》という宗旨成立のための理論体系づくりをしたことについて司馬はいう。

空海の場合は、この点を珍奇とすべきだが、かれがもたらしたかれの密教だけはそれ以前のものと事情が異っており、空海自身がそれら（教相判釈を指す――筆者注）を作りあげねばならなかった。密教思想が醸成されたインドでも教相判釈はおこなわれておらず、唐でも同様で、中国における段階で教相判釈をおこなうべき立場にあった恵果そのひとが、教判どころか何の著作ももたなかったのである。言いかえれば空海以前の密教は、インドにおいても唐においても、理論的に大構成されていないという意味においては粗放なものにすぎず、さらに表現を極端にすれば、組織的密教といってても名ばかりで、目にみえるものとしては呪法と儀式が一つ箱に乱雑に詰めこまれてあったにすぎない。

さらにいえば空海はインドや中国では単なる呪法のようなものに見られがちだった密教を、仏教に仕上げたかったし、それがためにはいままでの仏教のすべてでも援用せねばならず、密教を再構成するというよりもあらたに創りだすほどの基本的姿勢をもって編成せねばならなかった。そのためには在来の密教にやや乏しかった理論をあらたに構築して他宗の批判に堪えせしめるだけでなくそれらを圧倒するだけの力を持たさねばならず、それを可能にするだけの精密な論を編みこまねばならなかった。

（下巻、一四三頁）

この論旨はまことに明確に空海の果たした役割を示している。司馬のこうした指摘は、筆者もまったく同感である。もちろん詳しくいえば、すでに述べたように、空海の先駆思想としての中唐の正純密教の伝持者たちの努力は無視できないが、結果的にはそれらの先駆的努力だけではどうにもならなかったのである。それにつけてもこうした重大な指摘ができる作者の眼力はどこで養われたのであろうか。司馬の勉強に敬服するばかりである。

最後に、空海の創設した十住心思想について司馬の文章を引こう。

すでに触れたことだが奈良六宗に対して空海はそのすべてを密教的に鍍金したのではなかった。東大寺の華厳宗のみにそれをほどこした。他は捨てておいた。それについての理由としてかれがのちに書いた『十住心論』において自分の思想からみた六宗を明確に定義しているのである。密教を最高唯一のものとし、他の宗旨はそれへいたる途上のものでありえても至上のものではないとするもので、華厳のみを近似値であるとする。他はよほど遠いとし、また天台宗にもふれ、これも華厳よりも下であるとした。空海の生存中は天台宗をふくめてこれに異論をとなえるものがひとりもいなかったのは、各宗に不服がなかったということではないであろう。空海の『十住心論』の思想的精緻さに圧倒され、沈黙せざるをえなかったことが理由とおもわれる。

（下巻、二四三頁）

空海在世中に法相宗の徳一《とくいち》は『真言宗未決』という公開質問状を出しているが、その十一項目の疑問のなかに十住心の位置づけについてのものはない。『秘密曼荼羅十住心論』（一〇巻）と『秘蔵宝鑰』（三巻）とは空海の思想の帰着点となる著作で、天長七年（八三〇、空海五十七歳）、時の淳和天皇の勅により各宗の宗義の綱要を著作提出せよといわれ、真言宗を代表して空海が作成した。諸宗の碩学はこれをみて声を呑《の》み、これを機として奈良仏教に対する真言密教の優位は理論的にも確認された。そして奈良時代以来、中国・インドの諸思想を十分に呑みこんだわが国の思想界は、新しい秩序のもとに統一の方向にすすみ、これ以後の日本の思想・宗教・文化は、密教を基調として展開していくことになる。

まとめ

司馬は「あとがき」でいう。

風がはげしく吹きおこっているとする。そのことを、自分の皮膚感覚やまわりの樹木の揺らぎや通りゆくひとびとの衣の翻りようや、あるいは風速計でその強さを知ることを顕教的理解であるとすれば、私は、多くのひとびとと同様、まだしもそのほうにむいている。密教はまったく異っている。認識や知覚をとびこえて風そのものに化《な》ることであり、さらに密教にあっては風そのものですら宇宙の普遍的原理の一現象にすぎない。もし即身にしてそういう現象に化ってしまうにしても、それはほんのちっぽけな一目的でしかない。本来、風のもとである宇

宙の普遍的原理の胎内に入り、原理そのものに化りはててしまうことを密教は目的としている。（下巻、三六二頁）

宇宙の普遍的原理とは真言密教の大日如来を指しているのであろうが、これを原理と呼ばずに、限りなく高い人格と見抜くのが弘法大師空海の眼力である。宇宙に遍満するこの法身仏と一体となることが即身成仏である。いや本来一体となっているのだが、そのことに気づかなければしかたがない。そのことをはっきり自覚することが重要なのである。司馬は、もともとのインド古来からの雑密も好きだと述べているところからみて（下巻、三六一頁）、理屈抜きの、生活のなかの素朴な祈り、それを受けとめてくれる密教や神道に、ひかれるものがあるのだ、と思う。これは人間の生活の原点に属する部分ともいえる。そして空海の人間性も、その生涯を通じて人間の原点を追求していったと思われるし、彼が大成した純粋密教、真言密教も、あきらかにあらゆる人間の生き方の原点となるものを求めることを目指している。

司馬は、つねに万人の共通の地下水のような、大洋のような、帰着点を求めつづけた空海と真言密教に大いなる興味をもって筆をとり、難解な空海の著作の多くを読破し、驚くほどの正確さで、その論旨をこなしている。「あとがき」の最後の部分で、結局はどうやら、筆者の錯覚かもしれないが、空海の姿が、この稿の最後のあたりで垣間見えたような感じがするのだが、読み手からいえばあるいはそれは筆者の幻視だろうということになるかもしれない。しかしそれでもいい。筆者はともかくこの稿を書きおえて、なにやら生あるものの胎内をくぐりぬけてきたような気分も感じている。
（下巻、三七二頁）

ここに司馬の率直な思いが示されている。絶対に密教などに飛び込まずに、間隔を置いて空海と密教を書き進むうちに、なんだかひとりでに密教的思考に染まってしまったように思うという。この文につづけて次のような結句がある。「筆者にとって、あるいはその気分を得るために書きすすめてきたのかもしれず、ひるがえっていえばその気分も、錯覚にすぎないかもしれない。そのほうが、本来零であることを望んだ空海らしくていいようにも思える」（下巻、三七三頁）と。

この「あとがき」で、何人かの密教僧たちの話をなつかしく想い起こしていることなどを考え合せると、たしかに司馬の心の置き場所は、空海と真言密教あたりにあったのではないか、と思う。そしてここが現代の仏教の一断面と考えてよいのではないか、と司馬文学ファンの一人として受けとめている。

奈良県桜井市・総本山長谷寺

あとがき

このたび大法輪閣編集部の黒神直也氏とのご縁《えん》が稔《みの》って本書を刊行することができた。大学を引退してからの私は弘法大師空海の主要著作の現代語訳に心がけ、あわせて自分が若い頃から手がけてきた弘法大師伝の資料をさらに深く読み解いて、できるだけ弘法大師の思《おも》いを正確に理解し、それを読者諸氏に提供しようと微力を傾けてきた。

なにしろいまから千二百年も前の人の考えを読み取ることは、現代との大きな格差もあることだし、ほとんど不可能だと思いがちである。しかし弘法大師の場合、平安初期の人物にもかかわらず、著作物がきわめて多く残し伝えられている。これは、のちの真言宗の後継者たちが、それこそ命がけで守り抜いてきてくれたお蔭なのであって、大寺院が護持されてそれが蔵《くら》の役目を果してくれたこともあり、大師伝の豊富な資料を今も手にすることができるのである。

またその著作物の内容も、弘法大師の場合、過去の仏教の教理史を正確に把握しつつ、それをふまえて新しい展開を図り、自身の独創的な構想力を駆使して、古今《ここん》に例の無い思想体系（十住心思想）を構築したのである。この比較思想は大師自身が述べているように、『大日経』と『金剛頂経』、そしてそれら両部大経に説かれている胎蔵法曼荼羅と金剛界曼荼羅を根本所依として成立しているのだが、理論的には弘法大師空海一人の手を経て大成したと言えるのである。したがって弘法大師の密教は、それまでのインド密教、チベット密教、中国密教とも大きく異なった密教体系と言うべきであり、密教という名称であるからといって、これらと混同したり同一視したりするのは誤りである。

本書を通じて読者各位が、日本の知性とたたえられている弘法大師の実像に触れて頂き、大師の主張が、この現代社会にまだ妥当《だとう》しているという驚きを筆者である私と共有して頂ければ幸いである。

最後に、種々御高配を頂いた大法輪閣社長・石原大道氏ならびに黒神氏に心から感謝して筆をおく。

奈良、桜井市　初秋の長谷寺にて

加藤精一

加藤精一（かとうせいいち）
昭和 11 年生。大正大学名誉教授。文学博士。東京都練馬区・南蔵院住職。真言宗豊山派総本山・長谷寺（奈良県桜井市）化主・真言宗豊山派管長。全日本仏教会会長。著書に、ビギナーズ・クラシックス日本の思想『三教指帰』『秘蔵宝鑰』『般若心経秘鍵』（以上、角川ソフィア文庫）、『弘法大師空海伝』『日本密教の形成と展開』『弘法大師の人間学』『弘法大師思想論』（以上、春秋社）、『弘法大師空海を読む―即身成仏義・弁顕密二教論・般若心経秘鍵・三昧耶戒序』（大法輪閣）など多数。

弘法大師空海伝 十三講
――その生涯・思想の重要課題とエピソード

平成 27 年 3 月 10 日 初版第 1 刷発行

著　者　加　藤　精　一
発行人　石　原　大　道
印刷・製本　三協美術印刷株式会社
発行所　有限会社 大　法　輪　閣
〒 150-0011 東京都渋谷区東 2-5-36 大泉ビル2F
TEL　(03) 5466-1401(代表)
振替　00130-8-19 番
http://www.daihorin-kaku.com

ISBN978-4-8046-1371-0 C0015